如何在课堂中使用
布卢姆教育目标分类法

[英] 麦克·格尔森 Mike Gershon 著

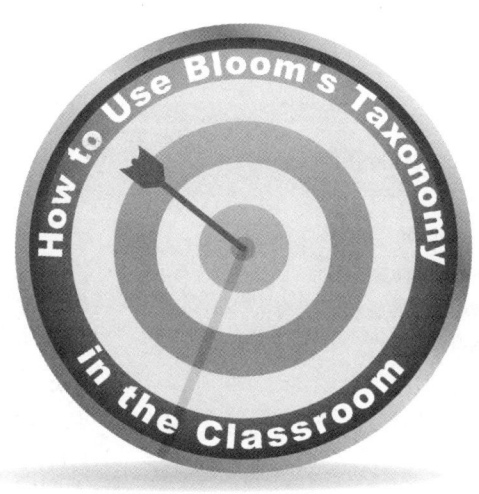

中国青年出版社
CHINA YOUTH PRESS

图书在版编目（CIP）数据

如何在课堂中使用布卢姆教育目标分类法 /（英）麦克·格尔森著；汪然译.
—北京：中国青年出版社，2019.6
书名原文：How to Use Bloom's Taxonomy in the Classroom: The Complete Guide
ISBN 978-7-5153-5565-8

Ⅰ.①如… Ⅱ.①麦… ②汪… Ⅲ.①课堂教学—教学法 Ⅳ.①G424.21

中国版本图书馆CIP数据核字（2019）第067326号

How to Use Bloom's Taxonomy in the Classroom: The Complete Guide
By Mike Gershon
Text Copyright © 2015 Mike Gershon
Simplified Chinese translation copyright © 2019 by China Youth Press
All Rights Reserved.

如何在课堂中使用布卢姆教育目标分类法

作　　者：[英]麦克·格尔森
译　　者：汪　然
责任编辑：肖　佳
文字编辑：张祎琳
美术编辑：张燕楠
出　　版：中国青年出版社
发　　行：北京中青文文化传媒有限公司
电　　话：010-65511272 / 65516873
公司网址：www.cyb.com.cn
购书网址：zqwts.tmall.com
印　　刷：大厂回族自治县益利印刷有限公司
版　　次：2019年6月第1版
印　　次：2025年1月第7次印刷
开　　本：787mm×1092mm　　1/16
字　　数：150千字
印　　张：13.5
京权图字：01-2018-6252
书　　号：ISBN 978-7-5153-5565-8
定　　价：39.00元

版权声明

未经出版人事先书面许可，对本出版物的任何部分不得以任何方式或途径复制或传播，包括但不限于复印、录制、录音，或通过任何数据库、在线信息、数字化产品或可检索的系统。

中青版图书，版权所有，盗版必究

致 谢
ACKNOWLEDGEMENTS

感谢所有与我合作过和正在合作的教员和学生,特别是位于英国圣埃德蒙兹伯里(Bury St Edmunds)的皮姆利科中学(Pimlico Academy)和国王爱德华六世中学(King Edward VI School)。也要感谢参与我培训课程的教师和教学助理们,他们为课堂教学提供了许多真知灼见。最后要感谢卡尔·奎克公司(Kall Kwik)的戈登(Gordon)为我所做的设计工作。感谢巴里·海默(Barry Hymer),他的培训课程带给了我许多灵感,是他让我对成长型思维模式产生了兴趣。

目录
CONTENTS

引　言 ──────────────────────────── 011

第一章　布卢姆教育目标分类法：背景与说明 ──── 013
　　　　　教育目标分类法的起源 / 014
　　　　　什么是教育目标分类法 / 016
　　　　　掌握学习 / 024
　　　　　为教学、学习和评估提供框架 / 026
　　　　　分类法的后续发展 / 027

第二章　为什么教育目标分类法是有效的 ──── 029
　　　　　半个多世纪的历史 / 030
　　　　　认知过程的描述与定义 / 033
　　　　　适用于所有学科和年龄段的学生 / 036
　　　　　将理解视为一块块层层叠加的积木 / 038

在课堂中为学生设置挑战 / 039

有效帮助教师设计评估体系 / 042

第三章　知道与理解 —————————— 045

概要 / 046

知道详解 / 047

理解详解 / 049

以知道为起点 / 050

以理解为起点 / 052

用知道与理解开始一堂课 / 053

在课程前半段使用知道与理解 / 055

在活动开始时使用知道与理解 / 057

第四章　应用与分析 —————————— 059

概要 / 060

应用详解 / 061

分析详解 / 063

以应用为促进点 / 066

以分析为促进点 / 067

使用应用和分析作为活动的基础 / 068

通过有针对性的应用来加速学习 / 069

运用分析来促进和加深理解 / 071

目录

第五章　综合与评价 ——————————— 073

　　概要 / 074

　　综合详解 / 075

　　评价详解 / 077

　　以综合为课程的终点 / 080

　　以评价为课程的终点 / 081

　　以综合与评价为课内挑战的基础 / 082

　　使用综合与评价进行结构化的评估 / 083

　　使用综合和评价让学生创造产出 / 084

第六章　构建学习目标与结果 ——————————— 087

　　学习目标与结果概述 / 088

　　创造具有挑战性的学习目标 / 090

　　创造差异化的结果 / 093

　　定义目标，倒推课程计划 / 096

　　将结果与活动联系起来 / 098

　　计划一系列的学习目标 / 100

　　以结果促进掌握 / 102

第七章　设计教学活动与产出 ——————————— 105

　　教学活动概述 / 106

　　知道与理解类活动 / 109

　　应用与分析类活动 / 111

综合与评价类活动 / 114

教学产出 / 118

第八章　促进高质量的提问 ——————— 123

提问概述 / 124

问题题干 / 125

定制化的提问 / 129

构建课程和活动 / 131

让学生提出和创造问题 / 132

拓展式提问 / 133

阶梯式提问 / 134

来回走动，用提问介入 / 135

从具体到抽象的提问 / 137

第九章　有效评估学生的掌握情况 ——————— 139

评估概述 / 140

基本要点 / 141

课内评估 / 143

提问型评估 / 145

任务型评估 / 146

产出型评估 / 148

制定评分标准 / 149

第十章　拓展与挑战学生的思维 ——— 153

以挑战为补充 / 154

拓展任务与提问 / 156

项目任务 / 157

独立创新 / 158

批判性与创造性思维技巧 / 160

创造性试错 / 161

定期评价：让学生证明他们的观点 / 163

精炼判断 / 164

为不支持方辩护 / 165

结　语 ——— 167
附录一　针对理解的提问 ——— 169
附录二　针对应用的提问 ——— 177
附录三　针对分析的提问 ——— 185
附录四　针对综合的提问 ——— 193
附录五　针对评价的提问 ——— 201

引 言
INTRODUCTION

欢迎阅读《如何在课堂中使用布卢姆教育目标分类法》。自开始从事教学工作，我就一直在教学计划、课堂提问、课堂活动、差异化教学和教学评价这些环节中使用教育目标分类法。这是一个非常棒的工具，它具有多种用途、灵活和易操作的特点，以坚实的教育原理为基础，推动各类课堂完成一个又一个挑战。

教育目标分类法对大部分教师来说并不陌生，它作为评分标准的基础被普遍运用，然而却很少有人关注过教育目标分类法能为实际教学提供何种帮助。与此相关的书籍寥寥无几，且论述重点多在教育目标分类法背后的理论研究，对课堂实际运用并无介绍。

本书将改变这一切。

本书首次对分类法在课堂上的实际应用进行了系统性的分析。

本书的内容将围绕一个指导目标展开——从教师的视角理解教育目标分类法并挖掘其作用。我们将在教学的广阔领域里登高望远，充分发掘分类法的作用。

第一章和第二章介绍了背景知识，概述了教育目标分类法的发展和用途。第三章详细解读教育目标分类法的两个初始层次——"**知道（知识）与理解**"，审视了其含义以及如何在实践中运用它们。

第四章深入探索了分类法的两个更高层次——"**应用与分析**"，仍旧从概念和应用两个层面对其进行解读。第五章，我们介绍了"**综合与评价**"。

之后，本书的重点有所转变。本书的剩余章节介绍了如何在具体的场景中应用教育目标分类法。

第六章探讨如何使用教育目标分类法来设计有效且有挑战性的学习目标和结果。第七章主要围绕教学活动和产出。第八章关于课堂提问，第九章关于教学评估。最后第十章论述用教育目标分类法来拓展和挑战学生。

每章内容都包含实际教学策略、课堂活动和教学技巧，你尽可以直接运用于自己的教学实践中。当然你也可以根据自身需求作相应调整。我相信本书定会给你带来思考和启发。从这个意义上来说，本书很像是一个起点。

希望你可以尽情享受阅读本书的乐趣，并发现其可用之处。在本书的附录中，笔者根据理解、应用、分析、综合和评价五个主题涉及的教学点，设计了一系列可以立刻在教学中参考使用的问题。相同的内容也可在我的另一本书——《如何在课堂中使用提问法》中找到。在本书中列出既是为了便于你查阅，也是出于内容完整性考虑。

接下来，就请尽情享用本书吧！

第一章
CHAPTER ONE

布卢姆教育目标分类法：
背景与说明

本章将回溯布卢姆教育目标分类法的历史背景,并简要说明它如何有效,它能实现什么目标,以及它能如何帮助教师。

本章是第二章的铺垫,在第二章中我们将更加深入地分析教育目标分类法为什么有效。这一章也为我们探索教育目标分类法在教学、评分、课程计划等方面的实际运用奠定了基础。

■ 教育目标分类法的起源

在20世纪40年代末至50年代初,教育家们在美国举行了一系列会议,希望围绕课程设计和考试的本质进行更好的交流。这一时期,西方国家正经历大规模社会转型,我们现在称之为"战后社会"。这一形态的显著特点是公民与国家的关系发生了转变,同时,正规教育也发挥着前所未有的重要性。

当时,将课程与考试正规化或者说体系化的需求,或许是社会转型在教育领域的体现。这种需求,在30年代的经济大萧条时期和40年代的二战时期，是不太可能存在的。

伴随着正规教育的发展，其对于工业化社会的重要性日益增长，将教育目标明确成文的必要性也越发紧迫。

换句话说，在二战之后，关于正规教育的新思想与发展更有可能形成，可能性远远大于二战之前。

在1949年至1953年间，相关会议陆续举办。一群研究教育目标分类法的教育工作者组成了委员会，本杰明·布卢姆担任委员会主席。布卢姆是一位教育心理学家，曾在宾夕法尼亚州立大学和芝加哥大学学习。

这一系列会议的目的，是教育工作者以分类法的形式把为学生设立的学习目标系统模型化，形成从易到难的学习目标层级结构。

作为会议成果，由布卢姆主编的《教育目标分类法——教育目标分类指导手册（一）：认知领域》于1956年正式出版。

第二本书《指导手册（二）：情感领域》于1964年出版。本在计划内的第三本书意在从动作技能领域研究教育目标分类法，然而并未出版。

尽管大部分教师仅对从认知领域角度出发的第一本书较为熟悉，但是教育家们最初尝试将学习目标的分类基于认知、情感、动作技能三方面展开的全局观不容忽视。因为这意味着当年参与会议并为书籍的出版作出过贡献的这一群教育家们，包括布卢姆本人，是以一种开拓的、全局的，而非狭隘的视角来看待教育的属性和目的的。

尽管如此，显而易见的是，聚焦在认知领域的教育目标分类法越来越受欢迎，这说明教育工作者和管理者在课堂实践、课程设计和考试设计中证实了它的有效性。而且，它与学校教育中占主导地位的认知思维培养是密切吻合的。

虽然情感领域和动作技能领域的重要性不容否认，但主流学校教育对认知领域的重视程度还是远远大于情感和动作技能领域的。

现在，我们了解了1964年出版过一部情感领域分类法，还有一部动作技能领域分类法未能得以面世。我在此说明：在之后的内容里，我将交替使用"布卢姆分类法"和"认知领域分类法"两种表达方式。只要我谈及教育目标分类法，指的都是认知领域。

这就是整本书的核心概念，也是我们将要研究的重点。

理由很简单，认知领域分类法的影响力最为深远，教师在培训中对它进行过深入学习，并广泛地应用在教研过程中，包括课程设计、测验评估设计、课堂提问设计等方面。

教育目标分类法的影响是毋庸置疑的，它已经成为教学的基础，是当代教育的最重要基石之一。它能持续保持其影响力，很大程度上是因为它的简单。它把对知识的认知过程分成了不同的层级，并进行了排序，从而为教师们提供了一套强大的教学工具，帮助他们去设计课程并了解学生的学习情况。

■ 什么是教育目标分类法

知晓了教育目标分类法的起源，我们自然想到下一个问题——什么是教育目标分类法。简单来说，它是从易到难的一个阶梯过程。要掌握高阶的内容，你必须先掌握低阶的部分。这一过程可用于几乎任何类型的教学内容，但需要提醒的是这种运用从本质上来说是认知性的（而非情感或动作技能领域）。教育目标分类法内容如下：

第六层——评价

第一章 布卢姆教育目标分类法：背景与说明

第五层——综合

第四层——分析

第三层——应用

第二层——理解

第一层——知道（知识）

第一层，知道（知识），最为简单，即对知识的回忆、记忆和认知。这一层级是获取信息并使之成为我们思想的一部分，使我们可以在之后的思考和行动中回忆起这些信息并能对其加以运用。举例来说，我们在要求学生能够熟练运用某个单词前，一定是先要他们知道它的词义。

第二层，理解，即理解我们获得的知识。比如说，我或许能记起一个单词的词义，但并不意味着我已经理解词义或该词应如何用于各种句子的语境中。

理解的核心是学生展现出对他们已知、已记住事实的理解能力。

我们能很快看出教育目标分类法两个重要的内在特征。

第一，如前所述，层级之间贯穿一种发展脉络，这也是为什么教育目标分类法能够促进掌握学习[①]。熟练掌握前一层级是灵活运用任一层级的基础。比如，"理解"基于它的前一层级——"知道"，而达到"知道"和"理解"层级，才能达到"应用"的层级。

尽管教育目标分类法将认知过程分割为一系列单独的类别，但这些过程并非彼此独立存在，而是相互联系、彼此交织在一起的。它就像一栋楼房，只能先有了底层，才能有高层。

第二，教育目标分类法提供了一个框架，反映出我们学习中的大

---

① 这个概念由布卢姆提出，是指在让学生进行更高级的学习任务之前，帮助学生掌握每一个学习的单元。——编者注

部分经历。回想你初遇一件你并不熟悉的事物，或许是一个想法，或许是一个信息，你的自然反应很有可能是先试图理解它是什么。要做到去理解它，你就需要先知道它——记住它。

现在，假设有一个没有记忆能力的人，这个人是无法理解任何想法或信息的。因为想要理解这个想法和信息，第一步是记住它，然后从头脑中调取必要的背景信息来理解它，而这个人连第一步都无法实现。这进一步展现了教育目标分类法是如何反映出我们的学习过程。

继理解之后，我们进入第三层——应用。此时我们考虑的是学生如何将他对某事物的知识和理解应用于一个新的（或熟悉的）情况，目的是利用已打下的基础来应对我们遇到的问题。在课堂中，这一层通常表现在当学生基本理解了某个知识点后，能够去回答相关问题或解决问题。

第四层——分析，又更进了一步。它指的是我们能够将事物进行拆分，以显示其中的关系、动机、原因、联系和运行方式。为了能够分析某事物，我们需要有能力应用我们所知道和理解的内容。如果我们还不能应用，我们将很难有效地分析。

例如，我们请一组学生来分析发动机的工作原理。要做到这一点，他们需要细致地检查发动机，观察部件是如何连接在一起的，观察不同部件如何相互影响、相互作用。如果学生缺少对发动机和发动机部件的知识和理解，或者只知皮毛而达不到熟练掌握和应用这些知识的程度，这项任务将很难完成。学生或许能粗浅地描述一下发动机内的部件如何连接或互相影响，但是如果对基本原理没有一定程度的掌握，他们很难对发动机的结构作出任何有实质意义的准确分析。

这再一次说明了教育目标分类法各层是如何相互联系的，以及要成功掌握任何一层需要依赖于上一层的坚实基础。

第五层——综合。这一层涉及创造新事物，或者对已存在的事物进行进一步的开发。从这个意义上说，这一层涉及多种不同的认知过程。学生先要准确地分析某个事物的结构与组成，然后才能对它进行模仿创新，或者说以它为蓝本创造一个更完善的版本——这个过程就是智力发展的体现。

让我们继续用之前发动机的例子来说明。

在成功分析了发动机的结构后，学生们现在被要求设计一个改进版，以提升发动机的工作效能。

这里的"设计"一词就表示需要进行综合。学生们首先要能够分析现有发动机的结构，否则就无法成功完成后续操作。这是因为他们对设计的任何改进都必须考虑到已有的设计。因此，我们发现了所有基于综合的认知行为的核心特征：从"是什么"向"可能成为什么"的发展。

成功的综合依赖于对先前发生的事情的分析理解。另一个例子进一步说明了这一观点。如果我们要求学生针对那些仍然存在死刑的国家来提出一个支持废除死刑的论点，我们一定会希望学生对论点的架构以及与死刑相关的观点有一定的分析与理解。如果学生无法分析出为何死刑仍然存在，以及为何很多人支持废除死刑，那么他们就缺少了构建自己的论点的必备工具。

正如建筑物一般，在稳固的基础上建设比在不稳固的基础之上建设要容易得多。在不稳固的情况下，我们的能力施展范围将严重受限，而且一旦我们建设的大厦受到任何压力，它都很有可能会倒塌。

学生基础薄弱的情况在课堂上屡见不鲜，但并不一定是件坏事。

例如，一位没有掌握发动机工作原理的学生，他做出的发动机改进设计也许在付诸使用时很快就遭遇失败。老师通过学生的失败了解到他没有充分掌握发动机的结构，而学生却获得了一个重要的学习机会。当测试结束时，他们会看到自己设计的失败，然后不得不发问：为什么会失败？

为了回答这个问题，他需要回到绘图板上，将他所做的设计与他所掌握的关于发动机的知识进行对比。因为设计的失败，他关于发动机的知识增加了。他会认识到自己先前的理解存在哪些误区，加以纠正，从而能够进一步了解发动机的结构。

因此，教师也会特意使用布卢姆分类法让学生认识到自己存在的错误，并通过纠错的过程达到掌握知识的效果。

在我们介绍第六层——评价之前，我再简要巩固一下刚才这一观点。

托马斯·爱迪生在发明电灯的时候，和他的工作团队一起进行了数百次的反复试验。每次尝试都以失败告终，但每次失败都帮助他们更进一步思考为什么没有成功。

最终，爱迪生和他的团队成功制造出了灯泡。他们掌握了创造的过程。

这个过程可以被看作是从分析到创造再回归分析这样一个持续的、往复的过程。爱迪生和他的团队利用他们并不全面的知识不断尝试着创造，所依赖的是他们对自己所知道和理解的内容的分析。每一次失败都表明他们的分析不全面。因此，在每一次失败后，他们都必须回到这个问题上，把自己的既定认知和失败所提供的信息再加以比较，来看看自己能再增加些什么知识。

可以确定的是，在这个过程的最后，当爱迪生和他的团队创建出有效的原型时，他们所拥有的分析性理解要远超过他们刚开始试验时。在很大程度上，正是这一点使他们有能力去创建（综合）解决问题的方案。

这个过程可以更简单地表述为：试验与错误。

总而言之，综合的过程有助于增强我们的分析性理解，因为我们所创造的东西并不像我们期望的那样完美。

我们将在第五章更详细地研究综合和评价时再继续探讨这点。

现在让我们继续完成分类法之旅，进入第六层——评价。

为了能对一个事物或一系列事物进行评估、判断，我们需要知道它是什么，对它有自己的理解，能够将对它的理解应用于不同的情况，能够分析其本质，并且至关重要的是，能够在其基础上有新的发展。只有预先具备这样的知识和理解，我们才能做出周密的判断，或者换句话说，一个高明的判断。

由此又可延伸出几个观点。

首先，就像前面的层次一样，人们可以有效地做出评价，尽管所做出的评价可能并不完美。例如，如果我们要求学生评估取缔作业是否是个好主意，他们很可能给出一个有趣的、相对严谨的回答，尽管他们并没有掌握全部必要知识来做出一个正确的判断。相似地，当一个班的学生对某个话题做出判断时，结果可能大致相同，但是评价的深度和质量会因学生的知识和理解的不一而有所不同。一个具备更多知识、理解更深刻的学生做判断的依据要远远多于知识匮乏、理解浅薄的学生。

对于后者而言，要做出判断并不太容易。他的判断或许是笼统模糊的，或依赖于从其他地方取得的知识和理解（例如，一个学生需要对某个话题做出判断，而他对这个话题又不甚了解，他会试图借助与之相关话题的知识储备）。

下面，举一个医学的例子来具体说明这一点。

假设我们身体微恙，去看一个全科医生。医生经过检查，评估我们的病情的性质和程度。在此过程中，他们正是在利用他们广泛的、一般性的医学知识和理解。

接下来会有两种可能。第一种可能：医生判断正确。他开出一套治疗方案，并且我们在一周内就有所好转。此时，医生的知识和理解（第一至五层）足够保证他能够做出成功的、精确的诊断（评估），并给出正确的治疗方案。

第二种可能：我们一周后复诊，告知医生病情无任何好转。治疗没有任何作用。医生或许会建议我们再坚持一段时间，或将我们转至专科医生处。

为什么？因为专科医生对这一领域拥有更广博的知识和更深入的理解，其水平远超成功的全科医生。而这位全科医生，已鉴于他拥有的知识和理解做出了力所能及的最好评估，承认专业人士更适合准确评估问题性质。专业人士指的就是专科医生，因为他专精某个特定领域，具备专家级的知识和理解，反过来供他们做出专业的判断。

当然，不是说他们的判断就永远正确，但他们有更大的概率来做出正确的判断。

这个例子说明了为什么有效的评估依赖于对知识和理解的掌握，以及有效的评估是一个长期积累并不断变化的过程，不同的学生会做出不同水平的评估。

简言之，你不需要完全掌握前面所有的层级来做出判断，但是你掌握得越完整，你的判断就有可能越完善。

这表明并非所有的判断都必须要去掌握全盘，但是比起那些不良的判断，较好的判断一定更加接近于全盘掌握。

我之所以对"评价"这个层级和之前的"综合"（反复试验和失败）层级做出这番强调，是因为有的人可能会提出，分类法的较高层级对能力较差的学生来说遥不可及。我不同意这个观点。

我并不认为每个学生的创造水平和判断水平是相同的，显然他们无法做到。但是所有的学生都可以使用他们已掌握的知识和理解来创造新事物或做出判断，从而在某种程度上达到这两个层级的要求。创造的产物不一定完美，做出的判断可能广受批评，那又怎样？这反倒是件好事！因为学生正是在这样的错误中开始了学习。

这就是为何我认为运用布卢姆分类法的挑战就在于将其运用到所有学生身上，让不同水平的学生以不同的方式应对挑战、体会挑战，并从中得到收获。

例如，一位很有能力的学生针对他的某项作品写一篇详细的评价总结，这本身就很具有挑战性，但教师还可以就这篇评价某些方面的正确性再作提问，从而进一步增加了挑战性。

一位能力稍弱的学生，可能会写一篇比较宽泛的评价总结，以掩饰他有限的理解。即便如此，能够做出判断仍然是一种挑战。而我们可以通过提问进一步推进他的思考，使他能在应用或分析的层面上回顾知识、增进理解，这有利于提升他的能力，让他对这个话题的知识储备更翔实、理解更深刻，从而能调整自己的判断。

这就引出了我们的最后一个观点，我们在前面介绍综合的时候也有相似的观点。

评价可以产生有效的反馈循环，恰如之前提到的综合—分析循环。如果我们做出了一个判断，然后发现做判断时我们尚未掌握某些信息，或者忽视了某些信息，或者这个判断在某些我们没考虑到的角度上是站不住脚的，我们就可以基于新获得的这些信息，改进我们之前做出的判断。

在课堂中，失败的判断不等同于失败本身。只有当我们不愿寻求解决办法时，才是真正的失败。而另一方面，在做出失败的判断后，如果我们运用其所提供的新信息再回头审视我们的判断，那我们就是在学习。

例如，一位学生对特德·休斯在某首诗中使用的意象进行评价。在课堂中教师阅读了他的评价，并就诗中他所忽略的内容提出问题，使他对这部分进行分析。教师首先对该生的评价进行分析，从中发现该生的疏漏——忽略了某些重要内容，然后教师在此基础之上设计提问。通过提问，该生审视自己的疏漏，进一步深入分析理解这首诗，从而得出一个质量更高的评价。

这个例子呈现了评价如何可以作为试验与错误反馈循环的基础，就如综合一样。甚至可以说，在很多情况下，评价和综合这两个层级是相互交织的（我们同时进行创造和评价，我们在创造的时候会进行评价，看我们哪里出错了，进行分析，然后再一次尝试）。

■ 掌握学习

在概述什么是分类法以及不同层级间如何相互联系时，我提到了"掌握学习"这一概念。这一概念是分类法存在的基础，值得我们在深入探讨前花一些时间来了解。

如果我们掌握了某项技能，我们会成为这方面的专家。这种专业性通过我们对知识的运用和对问题的理解来展现，这一过程中我们将发挥高水平的技巧，精准地实现目标。

史提夫·汪达是一位钢琴大师，里奥·梅西是一位足球高手，而朱迪·丹奇是一位出色的演员。

在每一个例子中，在每个人擅长的领域内，对某项技能的掌握赋予了这个人超凡的技术。他们能够出色地做出判断，轻松地适应各种不同情况，高度有效地进行即兴发挥，能够根据他们自己的理解来做出改变和调整，能够将复杂的问题简单化，他们既不模仿他人，也不机械操作，既能够超越现有水平，也能超越他们所在行业的其他人。

这样的专业能力可以被认为是"掌握"的顶峰。

但是，"掌握"的含义也可以没那么深远。也许某天我学会了一个新词，在接下来的几个星期里使用了这个词，掌握了它的含义，在不同的情况下尝试使用它，进而在几个月之后，我发现自己能够在语言沟通或写作中熟练使用这个词。

这样，我就"掌握"了这个词。我知道它的意义并理解它在何时使用能够恰到好处。在我需要的时候，我可以随时使用它。

这里，我们发现了"掌握学习"的两类含义。第一类指的是，我们全身心投入某一领域以成为大师。第二类指的是，我们掌握那些我们需要学习的内容或是我们想要学习的东西。"掌握"的程度可能随着时间的推移而进化和发展，但最基本的"掌握"是指我们有多善于操控某样事物。

我们在课堂上最关心的是第二类掌握形式。我们无疑会在教师职业生涯中遇到第一类掌握形式的学生，但一般来说这种情况很少见。

而第二类"掌握"，指一个人完全知晓和理解某种技能或知识，并能轻松熟练地将此技能和知识加以应用。这是我们可以帮助所有学生去实现的目标。

布卢姆分类法能够促进这种类型的学习，因为通过认知的层层递进，任何个体都将会在他们所学习的领域掌握更丰富的知识、更娴熟的技能，并对其有更深入的理解。原因就是前面所提到的：分类法的结构、层层递进的难度，以及层级间相互关联的方式。

当我们备课时，我们可以使用分类法来帮助学生实现最大跨度的进步。我们可以实现这一目标，因为分类法的结构与应用同这一目标是对应的。"掌握学习"与最大化的进步是相连的。如果学生取得了很大进步，他们就掌握了新的概念和信息。如果他们掌握了概念和信息，那么他们就取得了很大的进步。

■ 为教学、学习和评估提供框架

由于上述所有原因，分类法为教学、学习和评估提供了一套完善的框架。在世界各地，都可以看到分类法作为这些教学实践的基础。

分类法是循序渐进的。渐进，是指分类法各层级间存在一种不断升级的挑战。这意味着在课程和评估的设计中使用分类法，能够轻而易举地对所有学员设置挑战。

反之，如果教师在做教学计划时无视分类法，他们的教学工作将会更加艰难，而且他们的教学设计也更有可能偏离"逐级增加挑战难度"的原则。

分类法很简单。我们可以在所有课程和年龄阶段应用它。若应用于多种课程，我们只需改变课程内容。若应用于多个年龄段，我们可

第一章 布卢姆教育目标分类法：背景与说明

以调整要求学生完成任务的程度以及任务内容。

要了解分类法的普遍性，看看任何考试机构所提供的任何科目的评分标准和评估目标，你都会发现布卢姆分类法的痕迹，无论明显程度大小，始终在幕后支撑着整个评估流程。

在第一章中，我向读者们解读了何为分类法，并表明了我的观点：分类法对教学、学习和评估大有裨益。这也是我为什么选择用一本书的篇幅来阐述这一主题。

在接下来的章节中，我将首先进一步分析为什么我认为分类法如此有效，以及如何将它最有效地应用于课堂。然后，在本书的大部分内容中，我们将探讨有效使用分类法的实际案例。

在继续之前，还有最后一件事我们需要了解。

■ 分类法的后续发展

布卢姆分类法并非没有批评之声。尽管从未有人驳斥分类法的核心论点或者认知层级的分类和排序，但仍有三种观点我们需要了解。

第一，有些人认为布卢姆分类法的构建并不恰当，因为其缺少系统性的构建原理。尽管这也许是事实，但这种批评不会影响分类法的功效，也不会影响它将教育目标系统化，并为教育工作者提供明确的视角来观察教学、学习和评估的作用。

布卢姆分类法由安德森等人于2001年修订。他们的作品针对分类法构建合理与否的问题作出了解释。这也引出了我们的第二点。在修订中，作者建议将分析、综合和评价视为并列关系而非层级结构。我个人不认为这处修改有何用处。虽然这或许会提供一个更加系统的分类方式，但削弱了分类法作为可供教师使用的教学工具的能力。

至于最高的三层是否应当视为并列关系，或者，如有些人提出的，应该将综合和评价位置互换，使得前者位于分类法的最高层，我留给你们去判断。在本书中，我仍将参照上述的最原始的分类法，并且，我将评价列于综合之上的同时也认为这两个层级可以互换。

最后，许多人认为，分类法将我们的认知过程人为地分开，而实际上这些过程并不是独立于彼此的。他们认为思维是一个复杂的过程，是由不同元素同时结合而产生的，也就是说六个层级相互独立存在的假设过于简单化了。

我同意这一观点，并且在前文分析中也确实提到了这一点。我相信你也表示赞同。毕竟，我们每个人都有思考的经历，很难说每次思考都严格地与分类法的层级一一对照。

但这类批评却忽视了一点。

分类法是教师的实用工具。通过划分流程，对其进行排序和系统化，它可以使教师的工作更轻松，为他们提供一个用来规划教学、学习和评估的有力工具。所以，批评是合理的，但它不足以让我们抛弃分类法。

因为教学是一项实践性很强的业务，而分类法正是在这样的实践领域中发挥着最大效用。请继续阅读关于它的更多信息……

第二章
CHAPTER TWO

为什么教育目标分类法
是有效的

在本章中我的目标如下：

Ⅰ 在第一章对教育目标分类法的初步分析的基础之上，继续深入。

Ⅱ 展示教育目标分类法如何体现思维的结构。

Ⅲ 解释在课堂中应用教育目标分类法将如何优化教学和学习过程。

■ 半个多世纪的历史

让我们从半个多世纪前开始讲起。正如我们在第一章开篇所指出的那样，分类法最初是在第二次世界大战后的几年中构思出来的。关于认知领域的分类法的书于1956年出版，距离我写作本书时已相隔59年。

这引发了两个问题。第一，为何这么长时间以来分类法仍在使用？第二，为何尚未出现能够顺应当今世界的新理论？

暂且不谈上一章末尾提到的2001年分类法的修订版，让我们依次回答这两个问题。

一些事物能够长期被使用，出于很多不同原因，原因也有好坏之分。比如惯性、熟悉、懒惰、缺乏更好的选择、既得利益、稳定性、保守主义、逐步的完善,以及持续的功效。

我认为,正是这些原因中的最后一个原因,使得布卢姆的《教育目标分类法》在其首次面世后的近60年里仍然经久不衰。分类法持久的高度有效性可用以回答第二个问题。

尽管自从分类法首次系统提出以来,社会已发生了翻天覆地的变化,但这些变化并没有要求或导致我们思维的基础结构发生变化。而分类法试图定义、排序和系统化的,正是这些结构——也就是认知的过程。

今天,我们看到这些过程正以60年前难以想象的方式应用于现实中:计算机程序员创建(综合)一个新的软件;脑科医生评估(评价)一篇神经科学研究论文的可用性;学生理解新发现的亚原子粒子的重要意义和特征。

在以上每个例子中,人们所接触的内容都是新的,是以前未知的,代表着人类的知识和理解在深度和广度上的扩张。但是,个人与这些内容进行互动的过程保持不变。60年前评估很重要,60年后依然如此,它仍然在我们的思维过程中占据重要地位。时间的流逝没有影响丝毫。

为什么会这样?下面我们试着给出一些答案。

首先,认知过程构成了我们思维的结构。这两者是完整的,也是不变的。一个前所未知的认知过程,就像是一种超出人类感知范围的颜色。构成思维的认知过程与思维本身有着共同的边界,它们是不能被超越的。

其次,说认知过程的起点就是学习过程的起点,也是合情合理的。这个"起点"本身就是人类自有的一种生理功能——记忆(正如我们之前提到的,一个没有记忆能力的人不可能拥有学习的能力和自我认知)。通过记忆,婴儿可以把某些东西和其他东西联系起来。这标志着学习的开始,即我们开始记住世界的模样,世界与我们的关系等等。

作为人类,在过去几千年里,我们利用记忆的进化适应形成了文化。文化世界高居于我们所居住的物质世界之上。它是一个由意义组成的世界,不可能独立于人类存在。语言存在于文化世界中,成为我们交流和传递信息的核心方式。

语言使我们能够最大限度地存储信息。读写能力进一步提升了我们的优势(可以对比一个有读写能力的人和一个文盲的智力程度)。

婴儿逐渐习得语言、形成经验,语言又为他们提供了命名经验的方式。理解来自知识,这是因为当我们开始知道事物时,我们会记住它们,再通过这个记忆来比较它们,就好像让两样东西在我们的头脑中并排浮现。再强调一遍,这之所以成为可能,是因为我们首先能记住它们。

让事物并排出现也许是我们构筑知识的最简单方法。如果我们记住了猫是猫,狗是狗,并且可以同时想到猫和狗,我们就能认识到它们是两种不同的动物。这种认识就是一种理解的行为。我们就能理解我们所记住的事物,以及它们与记忆中其他事物的关系。

当我们对某样事物拥有了某种理解,我们就能记住这一理解(如此,理解成为了一个事实或一个知识,构成我们内在经验的一部分。我和你对猫的理解可能相似而不相同)。之后在新的情况中,我们会回忆起这一理解,然后再一次进行比较。举个例子,我可能会遇到一只看起来像猫但比猫大得多的生物。我运用我对猫的理解来判断它到底是不是猫。我认为它部分像猫,但也注意到它符合我对"大"的理解。

于是我把它定义为一只大猫。

当我们能记住一件事，理解它并应用它时，以我们对这件事的记忆为根基，更高阶的认知过程（分析、综合和评价）自然随之而来。

概括起来，当一个人开始能够记忆，并且在一个拥有语言的社会中运用这一能力，分类法所定义的认知过程就开始了。

这个话题还能引申出更广泛的讨论，本书中不作赘述。

在这里，我们可以简单地说，在分类法形成之后的许多年里它仍然被使用，是因为它保持着它的功效。这种功效源于这样一个事实：它仍然体现了我们思考的过程，以及我们思维的结构。

■ 认知过程的描述与定义

现在我们开始思考认知过程的定义在课堂语境中意味着什么，它对教与学有什么影响。

首先，让我通过与各层级相关的关键词，让分类法变得具体化。这将帮助我们更加清晰地思考每一层级。

知道：

整理、定义、描述、列清单、匹配、记住、命名、排序、引用、识别、回忆、重复、再现、重新表述、存储。

理解：

描述特征、分类、完成、描述、讨论、建立、解释、表达、确定、举例说明、识别、报告、关联、排序、转化。

应用：

运用、计算、选择、演示、改编为戏剧、使用、实施、诠释、操作、表演、练习、角色扮演、概述、解决、建议。

分析：

分析、评价、分类、比较、对比、区别、鉴别、辨别、检验、实验、探索、调查、提问、研究、测试。

综合：

组合、组成、构建、创造、发明、设计、制定、假设、整合、融合、组织、计划、提议、综合、联合。

评价：

评价、论证、评估、批判、辩护、检查、评分、审查、判断、证明、排名、评级、评论、估值。

有些词语可以出现在多个类别中。这反映出这些词语具有多重含义，也反映了思维过程在本质上是相互关联的。（请注意，你还将在第三、四、五章的开头看到这些列表。）

从列表中我们可以看到，每一组词语都表明了认知过程在实践中发挥作用的一系列方式。这一点很重要。

不同的词语有充分的理由存在。它们的含义不同。尽管有些词汇的含义非常相似甚至几乎相同，但因为词语具有各自特定的用途，所以仍在分别使用着。

以辩护和批判为例。两者都涉及我们参与评估的过程。然而，在每一种情况下，评估的指向不同。若做辩护，我们需要评估辩护对象的优势和劣势，对这些信息进行整理，形成一套对辩护对象最有利的说辞，同时要考虑对辩护对象之外的其他选择进行批评，来为辩护对象加码。而做批判，我们需要反其道而行之，目标指向对批判对象不利的层面。我们的注意力主要放在批判对象的负面内容上，同时也会找到它的弱点，拿其劣势与其他选择的优势做比较，得出对其不利的结论。

再如，"分析"过程中的比较和区别。在比较两件事时，我们的目标是观察它们在多大程度上是相似的，再扩展至观察不同之处。承认了两者相似的程度，相当于或者至少暗示了两者的差异程度（如果我们说两件事大致相似，就等于说它们没特别悬殊的差异）。如果我们的目标是区别，我们的分析将集中在挑出不同点——把分析的对象与其他事物区分开来，我们可能会在一定程度上对事物进行比较，但此时我们不会为了比较而比较，我们的目标更接近强调所见不同之处并将之罗列出来。

这些例子说明分类法的每个类别都聚集了同一主题的若干变体。这些变体之所以存在，是因为它们所指不同。将它们组合在一起，就构成了更为广泛的类别范畴；分开来看，它们则分别指代所处类别中的一个个具体事例。

当涉及教学时，如果我们熟悉认知层级中的每一个关键词，就会拥有显著的优势。这能使我们更精确地规划目标、产出、活动和提问。

想一想，如果我们只将这六种分类称为：知道、理解、应用、分析、综合和评价，范围将会多么有限。这就像试图单凭一把锤子和一把凿子来创造一件精美的雕刻，我们的工作将困难得多。但如果拥有一套更多更全的工具，我们就能随时依据工作的特定内容更差异化和具体化地对待，并做出深思熟虑的选择。

在这方面，综合这一类别表现得最为明显。综合（synthesis）这个词汇不常用，听起来像某种化学反应（这其实不是一件坏事，它仅仅表明这个词与它所涵盖的那一组词语并没有那么紧密相关，尤其是创造，我们争取在课堂中推广的是它所涵盖的那些词语）。

所以，在熟悉分类法具体类别的过程中，知道分类的顺序和它们的含义大有裨益，知道每一层级的一系列关键词亦是如此。这将使你在将分类法应用于计划、教学、评分以及构建任何评价体系时更加游刃有余。

■ 适用于所有学科和年龄段的学生

分类法是一种灵活的、适应性强的工具，可以应用于所有课程，面向不同年龄段的人群。这是它的另一个优势。如上所述，它反映了我们思维的结构，它的组织方式与我们在理解某一特定事物时所经历的递增的复杂性相呼应。

因此，分类法可以应用于不同的主题。无论应用于什么主题，分类法的层级演进和思维的过程是相同的。教师应要求学生在学习的过程中，经历分类法中各级的认知过程。

我们可能会设计一节课，主题可以是绵羊、推土机、核物理或者是豪斯曼①的诗歌。在这些课程中，我们都可以应用分类法。分类法的

---

① 阿尔弗雷德·爱德华·豪斯曼，英国学者、诗人，著有诗歌集《什罗普郡的少年》。——编者注

功效不会被内容限制。例如,我们可以向学生解释羊是什么,然后请他们从动物图画书中挑出一些羊的例子,再请他们解释为什么它是羊而不是牛。同样,我们可以让学生通读豪斯曼的诗集《什罗普郡的少年》,熟悉其中的诗篇,解释指定诗篇的意义,继而说明面对一篇佚名的诗文时,他们如何辨别它是否出自豪斯曼之笔。

这两个例子说明了授课内容的复杂性决定着对应认知过程的复杂程度。虽然知道羊是什么比知道豪斯曼的诗歌要简单得多,但两者都属于"知道"这一层级。

同样地,解释为什么羊不是牛,要比解释为什么一首佚名诗可能是豪斯曼的作品要求低些。

从这里我们可以看到为什么分类法可以应用于不同的年龄层,也可以应用于不同的主题。

分类法所描述的思维过程适用于不同能力水平的人。面对某一特定内容时,一个7岁孩子所做的评价和一个16岁的人所做的评价必然不可同日而语,但两个人的思维过程都遵循了"应用—分析—评价"的渐进过程。

这意味着我们可以将分类法与布鲁纳[①]的螺旋式课程概念联系起来。后者认为,学生们在学习旅程的不同阶段会回顾某些关键概念和想法,随着学生能力的发展,每次回顾这些知识时自己的起点也更高,仿佛学生正登上一段螺旋楼梯,他们会重新审视之前学习的知识点,但每一次审视都比之前站的位置更高。

从分类法角度来看,在学生的大部分学校生涯中,他们能够爬上

[①] 杰罗姆·布鲁纳,美国心理学家。——编者注

分类法的六道层级（需要提醒的是，在学习的初期，抽象思维尚未得以充分发展，因此学生在学习生涯之初无法达到较高层级），他们的能力水平、理解深度和处理内容的复杂程度将随着他们的成长而发展。

于是我们得出结论：分类法可以应用于所有课程，且可以应用于绝大部分年龄阶段。

■ 将理解视为一块块层层叠加的积木

谈到知识，我们总是自然而然地想到搭积木的比喻。我们学习事实和信息，它们构成了我们思想的基础。随着年龄的增长，我们会学到更多，知识储备会更加广泛和深入。

理解则不同。把它也看作是搭积木就没那么容易了。理解不像知道。知道就是知道，不知道就是不知道，而理解更具连续性。当我们说我们理解某事物，意味着我们不仅知道它，还知道与它相关的内容。我们对其的定义不是很明确，不论是从字面意义还是象征意义上都有更多的诠释空间。

然而在教学领域，教师可以将理解也视为搭积木的行为，和知识相似，这将有助于教学。这就要求我们把理解看作由一系列独立元素组成，学生可以分别审视和练习这些元素。

根据这一理念，我们就可以设计一些课堂活动或教学环节，分别聚焦理解的不同侧面，也就是我们方才提及的不同的积木。

这里要说明一下。我并没有说理解就是一套可以拆解的积木。这种说法太武断，我想说的是，把理解视为积木的思路对教师的教学有所帮助。

这是因为它为我们提供了一种方法，可以将一个庞大的、可能难以理解的想法（也就是理解）分解为一系列我们可以实际使用的元素。

我相信你已经猜到接下来我要说什么了！

布卢姆分类法为我们做到了这一点。

分类法将思维分为六个类别，帮助我们将理解视为一块块层层叠加的积木。

这将我们带回到第一章中曾使用的盖房子的比喻。

理解想法和信息的过程有点像从头开始盖房子。我们先打基础，再往上添砖加瓦，持续推进直到整体完工。

可以说，当我们将分类法应用于课程和工作计划时，我们可以这样观察学生的理解过程。

例如，在一堂课上我们可能先让学生学习新信息，然后回答有关的问题（知道和理解）。接下来，他们将所学的知识应用于一系列问题中，并分析应用的结果。最后，在这堂课的结尾，我们要求学生根据某些标准对所学的信息做出评价。

用搭积木的思路来审视这个例子：所有的课堂活动和教学环节都是以分类法逐级攀登的模式为基础的，每一个活动都是一块新加入的"理解"积木，它的添加有助于学生的认知。

我个人认为这是一种很有助益的思路，是一个有用且具有实操性的模型。这种思路可以帮助教师控制教学节奏，给学生设置挑战，促进学生的能力成长。

■ 在课堂中为学生设置挑战

我们现在可以更深入地思考挑战，特别是分类法如何帮助教师在课堂中为学生设置挑战。

挑战意味着要求学生去超越他们目前的能力范围。

这意味着，如果学生无需全情投入、轻轻松松就能掌握教学内容，就要对他们提出更高要求。

这意味着教师在考虑了学生目前的技能、知识和理解力水平后，思考如何促使学生提高这些能力。

如果我们感到被挑战，这意味着我们正处在能力范畴的边缘，或是靠近这个边缘。于是我们将边界再向前推，拓宽我们的能力范围。

挑战与试验、失误和犯错密切相关。如果我们尝试一些能力尚不能及的事情，肯定会在这个过程中犯些错误。事实上，如果我们想要扩展我们的能力，就需要犯错（而且可以这么说，如果我们能几乎零失误地迅速完成挑战，那这个挑战本身就不足以称为挑战）。

优秀的教学意味着老师会在他们的课程中保持着高水平的挑战强度，学生们可以学到更多的东西，取得更大的进步。然而，这并不容易。

首先，要找到一种方法来不断拓展学生的思维，这是既耗时又费脑的一件事。另一方面，教师要想准确把握学生对知识的理解程度（以及如何设计相应的挑战来促进他们的能力发展），需要不断地积极引导学生、分析学生的学习情况。

而分类法则为我们提供了有力的工具，轻松应对以上两个问题。

我们先来看看如何拓展学生的思维。

普通人很难做到能时时迸发灵感，构思出新颖的教学策略和技巧，即便在有时间保证的情况下，自创一套教学方法，也不是一件易事。但是，分类法为我们提供了一种易于使用、随时都能上手的模板，其中包含了我们所需的一切信息。

正如我们之前看到的，分类法的每一层级都比前一级更具挑战性。

就算我们把综合和评价视为同一层级，它仍然表明这两个过程比分析更复杂，而分析比应用更复杂，以此类推。

任何时候，当我们想要拓展和挑战学生思维时，就可以使用分类法。在向最高两级前进的过程中，我们将遇见一系列关键词（即每个层级的相关关键词，详见前述），它们将构成问题或任务的基础。毫无疑问这个过程是具有挑战性的。这些关键词代表着最复杂的认知过程，由此也就要求学生参与到与学习主题相关的更具挑战性的认知任务中去。

当然，对一个学生来说是挑战，对另一个学生来说可能构不成挑战。不过这并不是问题。例如，如果我们对一个学生提出了评价类挑战，然后很快发现这个挑战对他而言跨度太大，我们可以降低难度，替换为一个分析类挑战。基于我们对分类法的了解，我们知道分析比评价简单，但仍然具有挑战性。我们再次见证因熟悉分类法模型而产生的实际好处。

再看第二点，想要始终了解学生对知识的理解程度，进而知晓什么能对他们构成挑战，我们会再次发现分类法的大用处。这在前一段中已经有所提示，我们注意到如何根据学生对挑战的反馈来降低挑战难度，并在实际操作中下移分类法层级。

反之亦然。比如我们的教学活动是以分类法的"理解"层级为基础的，而大多数学生完成相关课堂任务的速度超出了我们的预期，我们只需上移一个层级，让学生去完成"应用"和/或"分析"层级的任务或挑战即可。这样，挑战的难度立刻就被提升了，而我们并没有多花力气，只需要通过引导来了解学生目前的理解程度，然后对此作出一个直接的回应——升级挑战即可。

最后一点是诊断。这里的诊断指的是对学生知识和理解的判断。

也就是通过提问来弄清学生的水平。这是我们了解学生理解程度的主要途径之一。

课堂上，我们可以根据布卢姆分类法的不同层级来进行提问，来测试学生对所学内容的理解。这样做有助于我们了解学生对知识点理解的程度，并确定在学习这个知识点的过程中，他们的认知能力处在分类法的哪个层级。他们可能连跨两个层级，也可能在一个层级上展现出对知识点的某个方面甚是精通，其他方面则较为薄弱。无论我们观察到什么，无论我们观察到的情况是整体水平还是特例，这些信息都可以作为我们随后干预的基础，当然这个干预依然是以分类法为基础的。

所以，当我们问一个中等水平的学生一系列有关应用和分析的问题时，这说明他们已经完全理解了课程内容，并做好了尝试解决更高层级问题的准备。认识到这一点后，下一步应让学生接受创造或评价类的任务——并让他知道可能一开始会失败，但他应视失败为机遇，再接再厉，进一步发展他的理解。

■ 有效帮助教师设计评估体系

我们来到了本章的最后一节，本章结束后，我们将在剩下的篇章中讨论分类法的实际应用。这里我想谈一谈如何使用分类法来设计评估以及为什么通过分类法能有效地帮教师设计评估。

评估的目的是了解学生目前对知识的掌握程度和理解的水平。它通过从学生那里获取信息并将这些信息与一组标准进行比较来实现。评估可以是非正式的，比如我们问问题，学生回答，我们把他的答案与我们对他的了解和期望进行比较；也可以是正式的，比如我们要求学生坐下来参加考试，将他们的答案与标准答案进行比较，并打分。

非正式评估已在上一节谈到挑战时有所提及，即如何通过提问来获取关于学生学习情况的信息，进而利用这些信息来帮助他们取得显著的进步。

本节我们重点关注正式评估。

当你为学生设计正式评估时，无论是测验的形式还是写论文之类的创造型任务，都可以使用分类法。

获取关于学生知识和理解的信息，是你所设计的任何评估不变的目标。有效的评估会赋予学生展示自己知识和能力的机会。有时为了检查记忆或理解的情况，有必要采取一种局限性评估，但总体来说，我们希望创造机会来充分、准确地衡量学生对所学内容的理解程度。

使用布卢姆分类法可以达成这一目标。我们可以通过设计评估，向学生提出关于某一主题的一系列与分类法层级相对应的问题，随着层级的升高，问题难度也逐渐增加。考试委员会提供的许多正式评估体系正是如此设计的。

开始的问题意在测试知识和理解，而之后的问题随着分类法层级向上攀升，常常在一个问题中包含两个或更多评估目标。

设计型任务要求学生创造新事物，然后由教师打分和评估，此类任务仍可使用分类法。首先，我们要让学生有机会展示他们的知识和理解——不要设置太多条条框框，因为这将限制我们提取信息的程度，削弱我们判断的有效性。

下面给大家介绍两种高效的分类法应用方案（对于评估这一主题，我们将在第九章中予以更详细探讨）。第一，我们可以在一个主要活动中创建一系列子任务，每一个任务都基于分类法的递进的层级（或各种层级的组合）。这样的活动给学生提供了展示他们知识范围和理解深度的空间，具有一定的挑战性。

第二，我们可以根据分类法为学生设定他们的成功标准。这将引导他们朝我们希望的方向去努力。一些学生将能够达到所有标准，另一些则不能。无论能与不能，我们都能够准确地判断他们当前的学习状况。这是因为成功标准会为一项任务设定一个广泛的空间，让我们尽可能多地了解学生的知识储备和能力范围。

这再次说明了分类法的操作原理，以及它之所以是老师在计划、教学和评估过程中使用的有效工具的原因。它固有的渐进属性呈现了"掌握学习"的构成因素，并在呈现过程中构建了一个认知复杂性逐级上升的体系——意味着我们可以利用它来设计具有挑战性的评估，通过评估对学生的知识和理解提出一系列要求，以此提取我们需要的信息，来准确判断学生的学习程度以及他们在运用所学内容时的相对熟练程度。

好了，我们在第一章的初步分析基础上，详细阐述了分类法如何反映思维的本质，研究了分类法如何为教师提供了一个简明实用、不限制科目课程和学生年龄段的模型，让教师可以在授课中不断地使用。在这一过程中，我们进一步解释了分类法的工作原理，为其在课堂内外持续和频繁的应用提供了强有力的论据。

基础工作已完成，现在让我们转向实操层面。首先我们将把分类层级分成三组，探讨如何能够充分利用它们。然后我们将着眼于一系列不同的课程元素，研究如何让分类法在每一种情况中都发挥最大功效。

第三章
CHAPTER THREE

知道与理解

■ 概要

在本章中，我们将在课堂背景下着眼于分类法的两个初级层级：知道与理解。首先，我们将分别了解每一个类别，举例说明两者在教学实践中的应用。然后，我们将了解如何把知道与理解作为开始每一课的活动，运用在课程的第一环节和主题活动的引入环节中。

作为提醒，我们再现一下第二章中知道与理解类关键词：

知道：

整理、定义、描述、列清单、匹配、记住、命名、排序、引用、识别、回忆、重复、再现、重新表述、存储。

理解：

描述特征、分类、完成、描述、讨论、建立、解释、表达、确定、举例说明、识别、报告、关联、排序、转化。

■ 知道详解

知道，意味着能够回忆起某些信息，这些信息通常以词语的形式呈现，可以通过口头或书面的方式回忆起这些单词。如果学生不了解与某个主题相关的词语，且整体的词汇量匮乏，他们就很难甚至无法深入思考这个问题。这是因为他们很难表达自己的想法。当然可以通过其他方式来表达自己，比如打手势和画图像，但这必然不那么精确。而且作为与语言不同的形式，它们在课程上可使用的空间和与教学相关的程度是有限的。

（顺便提一下，请记住我们关注的是认知领域。知道也可以意味着知道如何去做某件事情，即技能，而这种认知并不一定与语言紧密相连。学校课程中也包括这种科目，比如艺术、戏剧、劳技和体育。但类似的科目超出了本书探讨的认知领域范畴，故不作详述。）

学生在研究任何主题前，都要先具备基础知识。

这意味着知道永远是个人课程和学习计划的起点。然而，这个起点分为两个方面。第一，教师拥有学生需要具备的知识，学生掌握了这些知识后才能参与到某个主题中并取得进步。第二，教师拥有学生已经掌握的且与某主题相关的知识。

当我们开始做课程设计时，必须同时考虑到这两个方面。

同样地，每当我们开始教授一个新主题时，首先应该确认学生的知识储备。这里有五个简单的确认方法：

- 请学生列出他们所知道的关于该主题的所有信息。
- 请学生创作一幅关于该主题的蜘蛛网图。

- 提出一系列开放性问题，使学生可以通过回答来展示和讨论他们的背景知识。
- 请学生两两配对，每人都有一分钟的时间来解释他们所知道的关于该主题的一切。其间老师走动听取他们的发言。
- 请学生根据对该主题已有的知识，来预测课程将会涵盖哪些内容，并解释或论证他们的预测。

在以上每一种情况里，我们的目标都是明确学生的知识储备程度。然后我们以此为基础，设计出能够更精准地满足学生需求的课程。例如，我们教授的是宗教研究课，主题是基督教伦理。在课程开始之前或课程之初，我们去了解学生知道哪些关于基督教、伦理学和基督教伦理的知识，这将帮助我们能够立即基于学生的知识储备教授新的内容，而不需重讲一遍老知识。

因此，知道作为所有后续学习的起点，总会涉及以下两个我们必须考虑的要素：

- 我们认为关于一个主题学生需要了解的知识。
- 关于一个主题学生已经具备的知识（包括相关的或关系不大的知识）。

高效的教学将为学生带来显著的、持续的进步。如果我们能清楚地认识到针对某个主题学生需要了解什么知识，以及他们已经具备了哪些背景知识，我们就更容易实现高效教学。

忽略了其中任何一个要素，就无法做到以学生为中心设计课程并进行精准的教学。

要想追踪学生所掌握的知识情况，一个有效的办法是让学生填写"学科知识检查表"。我们将一段时间内计划学习的课程分解为一系列知识点，呈现给学生。每一个知识点旁标有从1至5的五列，1代表完全不了解或知之甚少，5代表具备翔实的知识、非常了解。

在开始某一主题的学习之初，学生用一支有色笔来完成检查表，对应每一条知识点标记出他们认为自己所处的位置（通过在相应的列上画√）。在学习这一主题的过程中，他们再审视这张表，用另一种颜色的笔来标记他们目前的知识掌握程度。你可以多次重复这一过程。它将显示出学生知道什么，不知道什么，以及取得了什么进步，也为你提供了获取这些信息的渠道。

■ 理解详解

理解是指我们理解获得的知识的能力。知道，并不意味着能理解。爱情就是铁证——正如几百年来诗人和作家告诉我们的那样。

举一个平淡无奇的例子，有位学生，他能背诵一首诗，已经用心记住了这首诗。问他这首诗的意义，他却一脸茫然。他不知道诗的意义，只认识每个词、词语排列的顺序，以及它们诵读的方式。

理解随知道之后到来（不可能先于知道，因为我们理解的对象就是知识），但并非一定会到来。这中间是需要下功夫的，也就是学习。

所以，在评估学生的知识储备时（如上一节主张的那样），我们需要谨慎，勿将理解错当成知道。要确认学生对知识的掌握情况——只是具备回忆事实的能力还是能够解释、阐述这些事实——我们需要提出一些更加复杂的问题或设置更加具有挑战性的任务。

在每堂课开始时，如何评估学生对知识的理解程度呢？此处给大家五个范例活动：

- 向学生提出一系列以"理解"为基础的问题，例如"你可以解释X吗"或"你觉得X的意思是什么"或"为什么X可能与我们的主题相关"。

- 请学生回忆他们知道的所有信息，然后选择他们认为其中最重要的三条并论述选择的理由。
- 请学生两两配对。其中一位作无知状，另一位向他解释自己对这一主题的理解。其间老师走动听取他们的发言。
- 请学生列举他们了解的与主题相关的知识，然后提出五个他们希望得到解答以加深理解的问题。
- 请学生互相采访，找出他们就主题已经知道和理解的内容。提供一些问题的例子，供学生模仿。

将上一节中确认学生知识储备的任务与以上这些任务相比较，你会马上发现两者复杂度的不同。你也会看到后者依赖于前者——进一步强化了理解不可能先于知道、只可能在其后发生的观点。

和知道一样，如果我们对学生对某一主题的理解程度有了清晰的认识，那么我们就可以以此为基础设计教学内容，促进学生取得更大的进步。我们将避免重走老路，不需再花时间去建立学生已经掌握的理解能力。

■ 以知道为起点

知道是课程必要且有效的起点。它为学生奠定进步的基础，提供他们想要成功所需的信息。这里提供五种方式，用于你在教学设计和教学中以知道为起点：

- 在开始某一主题时，先确认你认为在该单元课程结束前一个非常成功的学生将会掌握的所有知识，将其罗列，然后倒推，确认何地何时学生能够掌握这一信息。这里，我们要先定义希望学生掌握知识的程度，再设计他们能够掌握这一信息的机会。

- 当设计单独一堂课时，确认你希望学生在下课前掌握的知识。从一个通过这堂课的学习将获得卓越进步的成功学生的视角来思考。在确认需要掌握哪些知识后，通过倒推来设计你的课程教学，保证在每个环节都为学生提供必要的机会来获取那些知识。这是前一点的延伸，关注的是一堂课而非一系列课程。

- 在学习一个单元的最开始，向学生提供一份指导单张，包括你期望他们最终能够掌握的所有知识。在第一课的一开始，就和学生介绍这张单张上的内容，并在后续上课过程中经常回顾这张单张，让他们有机会了解自己学到了什么。通过向学生提供他们所需掌握知识的一个框架，可以给学生一种拥有掌控学习自主权的感觉。

- 当设计一个单元的教学时，先进行评估。问问自己，学生若要拿到满分需要哪些知识（以及他们需要如何运用这些知识）。然后根据你的评估设计教学，你评估的结果将是引导你前行的灯塔，确保你的课程覆盖到学生需要知道的所有内容。

- 在课程开始时，请学生回顾上一次学习的内容。他们应确认已经获得的知识。鼓励他们与搭档讨论这些知识点。将这些知识说出来，将有助于提升和强化他们对其的理解。在此基础上，再引入与该课程相关的新知识，它将立刻与学生之前的学习内容（也就是他们刚刚说出的内容）形成联系，有助于学生迅速理解新信息。

以上每一个例子都阐明，了解学生的知识掌握情况，可以让你清晰确定学生关于某一主题的基础。它也指出了，对学生所需知识形成明确的认识将为你提供一套指导框架——它将帮助你成功地设计教学，确保不会遗漏任何重要部分。从某种意义上来说，这是一个你汇总课程所需涉及信息的过程，使你能够以一种尽可能有效的方式将这些信息呈现给学生。

■ 以理解为起点

也可以以理解作为课程的起点。这从本质上与知道紧密相连。当我们把理解作为起点时，我们已经意识到它依赖于知道。这里提供五种方法，用于你在教学设计和教学中以理解为起点：

- 当设计一节课时，思考你希望学生在课程的每一阶段理解什么。基于这种考虑，你就能开发促成这种理解的课堂活动。你可以思考你希望所有学生能够达到的理想状态下的理解，或是反映学生不同起点的分级式理解。

- 问问自己在一堂课或一系列课程结束时，你希望学生能够回答哪些问题。要达到这一目标，他们需要就某一主题形成某一程度的理解。你可以以此倒推来设计促成这一目标的课程活动和任务。

- 就学生对某主题的理解的质量进行评估。然后问问自己希望这一理解发展到什么程度。比如是更深入，还是更宽泛，还是更精确，或是三者兼有。定下你的目标后，你就可以相应地制定课程计划帮助你达到目标。

- 为了让学生取得最大可能的进步，让他们在课程开始时解释他们对某些相关知识的理解，你可以设计一个开放型活动。或者，你向学生传达你的理解，为他们建立一个示范性的思维过程或解释，供他们模仿和应用。

- 在你的课程开始之前先确定你希望学生形成的理解，牢记在心，设置两三个问题来检验学生是否达到了这个目标。关联问题是一个范例,可以让你测试学生对与主题相关的常见误解的理解。这样做的目的是提前确定你将如何有效地判断学生理解的质量。

在这些例子中,我们看到了对理解的思考如何让我们在知道的基础上更进一步。理解变得可定义,也可评估。在我们的评估中,我们获得了学生取得多大进步的信息。我们可以用这个来完善教学,使教学效果更好。

不管是以知道为起点,还是以理解为起点,都要提前确定我们想要看到的结果。这使我们处于一个强有力的位置,可以进行有效的教学、设计和评估。

■ 用知道与理解开始一堂课

知道与理解,两者都是很好的开始一堂课的方式。理由有二。第一,这两类开始一堂课的活动使我们能够在课程之初就获取学生已经掌握的知识与理解,于是接下来你就可以利用这些信息来影响你的教学。第二,这两类的课程活动相对来说比较简单,学生能够完成它们,在课程一开始就体验到成功的感觉,并将这种感觉融入之后的课程学习中,学习动力和参与度都将有所提升。

这里提供十种预备活动,其中四种基于知识,四种基于理解,剩余两种基于两者结合:

- 给出学习的主题。挑战学生,请他们列出关于这一主题已知的全部内容。每个人先有60秒的独自罗列时间。60秒后,邀请学生三两配对来相互比较他们的列表,看看彼此相同和不同之处。(**知道**)
- 给出上一节课中学习的一系列关键词。挑战学生们,请他们回

忆这些词语的定义，可以写出来，也可以与搭档讨论。（知道）

- 请学生两两配对，在纸上写下字母A到Z。介绍课程主题，挑战全班同学来找寻与该主题相关联的词语，每个字母对应一个词语。最先完成的团队为获胜者。（知道）

- 给出一幅图像，请同学们与搭档讨论它与上节课或本节课主题的关联性。鼓励学生说出他们对上节课或本节课主题所知的全部内容，尽可能多地找出图像与主题关联的因素。（知道）

- 给出一份与主题相关、激发学生思考的材料，比如一幅图像、一段视频、一首音乐或一个资料来源。给学生时间来审视这份材料，思考它是什么，与本节课有什么联系。接着，给出关于这份材料的一系列问题，要回答它们，学生必须展示和/或加深他们对材料的理解。学生可以单独回答或组成二人小组来回答。（理解）

- 如果对于某主题的学习已经进行到中间阶段，可以在课程一开始就已学过的内容提出三个大问题。将全班分为三组，每组负责回答一个问题。要求被叫到的学生对问题给出解答，而其他同学可以判断答案是否正确以及是否需要有所添加。在请学生回答之前先留出讨论时间。（理解）

- 给出一系列与正在学习的主题相关的图像，请学生解释图像的含义或它们如何与主题相关。你可以进一步拓展这一方法来挑战学生，请他们选择三幅可以替代以上图像的其他图像，并对他们的选择做出解释。（理解）

- 给出一个问题，附带四个答案选择。请学生识别出正确的答案并说明原因。这一活动可以进一步延伸至一系列问题，每一个问题都带有多个答案选项。你也可以请学生两人一组来回答，如此一来他们

就需要相互讨论他们的理解。（**理解**）

- 请学生绘制一幅蜘蛛网图来展示他们对学习的主题所知的所有内容。当他们完成后，请他们解释如何将这些信息分为两个或三个组群。你可以提出分组的建议，也可以将决定权留给学生。（**知道和理解**）

- 给出一组关键词以及一套相关图像，关键词与图像需混在一起。挑战学生，请他们将关键词与图像配对，解释其中联系并为每个关键词下定义。（**知道和理解**）

这些课堂预备活动可以在任何课程中使用，只需将这些方法与你所教授的内容相适应。你也可以在不同年龄的学生中使用，这种情况下你需要考虑到学生不同的技能基础并作出相应调整。比如说，最后一种活动适合7—18岁的学生，但你组织元素的方式，选择的关键词和图像内容，以及你期望学生给出的解释深度和定义质量，在每一个具体案例中都将有所不同。

■ 在课程前半段使用知道与理解

知道与理解也非常适合用于课程的前半段。这是因为它们提供了一个框架结构，在此基础上可以进行更为复杂的任务——那些涉及分类法后四层级的任务。同时，如果我们将课程视为一段以掌握为目标向上攀升的过程，那么开始阶段总要先至少涵盖一些知道与理解的成分，除非这部分已经在上一节课中完成了。

这里分享实际操作的五个示例。

- 我们决定将课程一分为二。在前半段，我们向学生介绍学习内容，帮助他们记住这些内容并熟悉它，然后开展一两个促使他们深化理解的活动。在后半段，我们转向应用与分析。学生需要基于前半段所学来解决一系列问题。这个经典架构完美诠释了知道与理解如何像积木一样构建起更深层次的思考。

- 另一个常用方法是在前半段课程中给学生呈现一系列内容供他们学习。例如，在一堂历史课上，我们为学生提供了一些精选的原始资料，让他们进行阅读，并根据一组问题（例如，有哪些人？做了什么？在什么时候？在哪里？为什么这么做？）要求学生做相应笔记。在后半段课程中，我们请学生开始说明这些资料相互的关系。其中，我们可以请他们来评价不同资料的相对可靠性。这里我们再一次看到以知道与理解为起点进而进行上层构建的优势。

- 如果你希望达成更高等级的架构，你也许需要将课程分为三部分，在每一部分中分配两个连续分类层级的任务。你将先从知道与理解开始，然后转向应用与分析，再在最后一部分让学生对他们所学的材料进行综合和/或评价。这个方法将掌握学习浓缩在一堂课中，有赖于我们在向更高等级思考技能迈进前打下基础。

- 还有一种选择，是以展示或示范来开启课程，让学生们进行模仿，然后在前半段课程中老师通过提问来检查和加深他们的理解。例如，我们向学生演示如何画透视图，让他们模仿、传阅和提问，然后引导他们对这样作画的原因和作用原理进行讨论。在后半段课程中，我们将邀请学生用他们的知识与理解来创作他们自己的透视图（这里应用、分析和综合融为一体）。

- 最后一个方法，我们可以以一个前文列出过的基于知道的预备活动来开启一堂课，然后进入关于学习主题和相关内容的探究性讨论。讨论的目的是拓宽和加深学生对于课程内容的理解。在后半段课程中，我们可以挑战学生，让他们准备一段演讲，展示他们自己的观点。这需要动用他们在讨论中形成的理解（附带可能形成的一些分析与应用）。

从以上每一个方法中，我们都可以看到以知道与理解来开启课程是如何引导学生走上掌握学习之路的。我们的目标是为有效且有挑战性的更高等级思考打下坚实的基础。

同样值得注意的是，在这些例子中我们再一次看到分类法各层级是如何相互联系的。尽管知道与理解在许多课程中都被用于预备环节，但它们并不总会独享课程前半段重心。实际上它们通常是作为最初的重心，伴随着其他层级逐渐进入视野。

■ 在活动开始时使用知道与理解

最后一小节，我们来关注一个稍微不太一样的思路：构建以知道与理解为起始的多环节课堂活动，就如同梯子上的第一层梯级。这里分享三个示例：

- 观看一段实验视频，然后回答关于发生了什么、什么导致其发生的问题。接着尝试去思考如果实验在其他环境下进行会发生什么。考虑温度、催化剂、化合物中元素比例不同这些变量可能造成的影响。最后，评价实验为我们揭示了化合物的何种性质以及未揭示什么。在可能的情况下，对我们如何能够获取更多关于这一化合物的信息给出意见。

- 与你的搭档讨论词语的定义。这样定义是否合理？能否说明你将如何在句子中使用这些词语？当你为自己理解了这些词语的含义感到满意时，上网查找两则能运用这些词语进行表述的近期新闻事件。例如，你找到一则关于警察对待年轻人的态度的报道，然后将"标签化"这一词语应用到表述中。最后,评估是否所有词语都同等地有用。问问你自己,什么使一个概念对社会学家有用,以及讨论的这些词在多大程度上符合这个有用标准。

- 看我演示如何正确踢球。组成两人小组进行练习,模仿我刚才的演示。之后我们再集合讨论为什么这是最好的踢球方式。然后,我们将进行一个传球加射门练习,希望你们能够以一定的速度运用刚才学到的技术。最后,我们将进入一系列3对3的比赛,我希望你们能将注意力放在分辨什么时候应该以刚才学习的方式踢球而什么时候应该放弃机会。你需要对你的选择做出评价,并尽可能有效地计算得失比例。

在以上每一个例子中,我们都有一系列子任务,它们绑定在一个活动中。它们可以被看作是一节节微型课程,或者你的一堂课中可以包含两到三个这种类型的活动。在每一种情况下,你都会注意到我们是先从知道与理解开始,再沿分类法层级向上延伸。和前一节一样,我们的目标是快速建立一个知道与理解的基础,使学生可以通过这些知识来学习更多,并取得更大的进步。这是另一个在活动中进行的掌握学习示例。

这就是我们对知道与理解的研究。在第六至十章我们会再回顾这两个类别,当然六个类别我们都会回顾到。但目前,让我们继续,(相对)独立地来研究应用与分析。

第四章
CHAPTER FOUR

应用与分析

■ 概要

本章中我们的重点转向应用与分析。我们将首先考虑在实际教学中两者分别意味着什么,以及它们如何影响学生的学习。之后,我们将介绍如何在一堂课中在知道、理解的基础上延伸至应用与分析。接下来,我们将研究如何将应用与分析作为课堂活动的基础,然后再讨论有针对性的应用将如何加速学习,以及分析为促进更深层次理解所起到的核心作用。

我的目标是提供明确的指导,告诉你如何使用应用与分析,并提供一系列实际的例子供你在自己的教学环境中应用、调整或拓展。

作为提醒,我们再现一下第二章中应用与分析类关键词:

应用:

运用、计算、选择、演示、改编为戏剧、使用、实施、诠释、操作、表演、练习、角色扮演、概述、解决、建议。

分析：

分析、评价、分类、比较、对比、区别、鉴别、辨别、检验、实验、探索、调查、提问、研究、测试。

■ 应用详解

我们运用知识与理解，即我们提取所知道的和所理解的，将它们运用于我们所不熟悉的情况。举个例子，我们运用我们的知识来解决一个问题或者我们用我们的理解来克服某种障碍。

在应用阶段，我们将进一步发展我们的知识与理解。这是因为应用（或尝试应用）所产生的信息和经验是对我们当前知识与理解的补充。

例如，我们可能知道并理解水循环是什么。当循环系统某一部分出现问题时，我们就面临着应用这些知识与理解的挑战。作为应用过程的一环，我们需要确定循环没有按预期运行的原因（这里我们会注意到应用与分析常常交织在一起）。

在这个认知过程中，我们是在提取已知的内容并将其应用于一个新的情况。该过程将拓宽和加深我们的理解与知识。在新情况下，我们新认识和理解到的，就是新的信息，是对我们已经掌握的信息的补充。此外，应用能让我们对已有的知识与理解有新的见解，揭示出更多关于事物本质的信息，以及我们的知识和理解在某种情况下可以应用到何种程度。

由于这些原因，应用总是受欢迎的。而且积极的或有针对性的应用——也就是说，学生有意识地为实现一个目标而应用——通常更受青睐。这种类型的应用比被动或无针对性的应用更能有助于提升学习效果。

实现针对性应用的一种简单方法是为学生提供一个结构——比如一套成功标准或一份检查表。另一种方法是设定目标，要求学生在应用他们的知识和理解的同时实现这些目标。

如果我们退后一步，远离教室，更广泛地思考学习，我们就能看到应用对于追求精通的重要性。这一点被概括为一句耳熟能详的格言："熟能生巧。"的确如此。但是在练习的过程中，如果我们能留心、专注，我们能更快达到熟练。这是因为我们的注意力使我们有机会从应用的过程中不断地学习，比其他情况更迅速地促进我们的知识和理解的发展。

在课程中，为学生提供应用的机会意味着让他们有机会打好基础，并在其上拓展和深化。从某种意义上说，这个过程是为了拓宽学生的课程体验。

回到解决问题的观点，我们可以看到，一个有机会将自己的知识和理解应用于一系列不同问题的学生，在每一种情况下，都将了解该知识的适用范围、性质和适用性。正是由于这个原因，专业知识和重复的实践之间存在着紧密的联系。如果没有足够的机会去应用我们已经记住并理解的东西，我们就失去了在更大范围内了解和理解它的机会。

需要重申的是，应用知识和理解，至少会带来两个重要的机会，两者都是学习的源泉。

首先，我们可以获得关于在某种情况下应用我们知识和理解的有效性的信息，拓宽和深化我们已掌握的内容。其次，应用本身就是一种新的知识——一种补充，使我们在原来的基础上有所提升。

下面这个例子有助于进一步说明这个观点。

考虑一个见习玻璃吹工，她在这个行业做学徒，对其已有基本的知识和理解。她所学到的东西是有限的。现在，让她停止学习的过程。允许她通过在车间里尝试吹玻璃，来应用她所掌握的信息。在她的每一次应用过程中，她都能有所学，学到新的东西。这有助于她在新环境中更熟练、更精通地运用知识和理解。

■ 分析详解

分析，与应用密切相关。如果我们积极地关注应用的结果，那么我们至少在一定程度上就是在进行分析。这种分析包括审视我们所做的事情、它的影响，以及考虑我们的行为与其他方面的关系，比如最终的产出。此外，在查看我们对应用的期望和应用的实际结果之间的相似和差异时，我们也是在进行分析。

例如，我可能会把我对烹饪鱼的知识和理解应用到一个新问题上：如何烹饪越南大鲇鱼，这是我以前没有烹饪过的鱼。我通过观察注意到它与我所熟悉的其他种类的白鱼有相似之处。因此，我决定运用我现有的知识和理解，把鱼用浸过油的箔纸包好，然后把一块柠檬放在包裹里。我把鱼放进烤箱里，10分钟后取出。

接下来我打开锡箔纸观察。我将结果与我烹饪其他白鱼的结果进行比较。我尝了一块，做了进一步的比较。然后开始考虑我是否应该给鱼添加一些调味，调味会有什么影响，以及就它的肉质而言我是否已经烤了太久。

以上整个过程是一个分析的过程，是对我的应用结果的分析。因此，我们可以看到，应用与分析之间是多么紧密相联。（在分析的过程中也可以进行评价，比如评价我们应用的质量，或评价结果与我们期望值的相符程度。)

但是,我们也可以独立于应用之外来使用分析,或者说是成功的应用之后的下一步。

举个例子,我们可以让学生分析他们不熟悉的文本。为了完成这项任务,他们将唤起先前通过应用形成的知识和理解。比如,让他们分析一首诗对读者的影响,在此之前他们已经学习了文学评论家在剖析文本时使用的不同工具,并且已经将其应用于分析一些更简单的诗歌。

在这里,我们可以看到,有效分析的能力是基于我们之前对知识和理解的应用来实现的。从理解到分析的直接跳跃可能会很棘手,因为我们的理解程度可能会受到我们缺乏应用经验的限制。

这就是为什么我们经常在一项活动中无意识地将应用和分析放在一起的原因之一。无论是否明确陈述,我们都知道,能够做后者意味着至少在前者中有一些实践。

当然,在某些情况下,我们要求学生做的分析是更具一般性的类型。在这种情况下,理解和分析之间的跳跃并不大。这是因为学生们已经学会了如何应用某些技能或知识,现在可以在新的、特定的知识或理解的背景下调用这些技能或知识。这就是所谓的"可迁移技能"。

因为分析关注的是对事物本质的分解,它提供了更多的信息和学习过程,帮助我们进一步提升,而不是停留在应用的层级上。

举个例子,我可能掌握了为客厅墙壁上光泽漆的手艺,完工后客厅显得十分整洁。但是如果我开始分析为什么会这样,并且比较一下光泽漆和其他类型油漆的用处,我的理解肯定就会加深。

我特别选择这个例子,因为它也说明了为什么许多学生经常认为一旦完成了有效的应用,就可以停止了。在客厅墙壁的例子里,他们可能向我们提出这样的问题：你真的需要进行分析吗？难道你没有达到你想要的结果吗？只是为了上漆而上漆，我们不需要再更深一步探寻了吧？

我相信在课堂上你会遇到表达这些感受的学生。一旦他们能做到最低限度，他们就很快乐了。在最一开始，他们通常无法接受进入（或超越）分析领域。

再说两点。

第一，如果我们的目标是掌握，那么应用就不是令人满意的终点。掌握如何应用我们所知道和理解的东西，与完全掌握这些内容是不一样的。更重要的是，通过分析、综合和评价的层层递进，我们发现我们之前所认为的应用的极限实际上只是我们在那个时间点所能看到的极限。当我们在分类法中拾级而上，我们的理解不断增强，使我们有机会以新的眼光看待我们以前的应用，也看清它的局限性。

第二，有效的应用包括在我们不知道应该做什么的情况下能够应用我们的知识和理解。如果你有一定程度的分析和评价性理解，以及一些运用你的知识创造或开发新事物的经验，这就容易得多。

换句话说，对想法、信息、技能的批判性和创造性理解使我们能够更有信心和更有效地来应对不确定性。如果我们就在应用环节停止了呢？我们如何知道我们所掌握的应用代表了所有应用的范围？答案是我们并不知道。

我提出以上两点，一是想强调分析的重要性，二是提供一些有用的工具，当学生提出认为没有必要接受进一步的挑战时，我们通过这些工具来化解学生的疑问。

在详细探讨了应用和分析之后，让我们现在来看看它们在教学方面的一些具体表现。

■ 以应用为促进点

如果我们通过聚焦知道和理解来开始一堂课，我们就可以将应用作为一个促进点。也就是说，我们推动学生的思考，让他们应用他们的知识和理解来学习更多的知识。这里提供五种实践示例：

- 给出一系列学生必须解决的问题，需要用到他们已形成的知识和理解。这可能是将应用作为促进点最熟悉的用法。解决问题涉及寻找答案或解决方案。要做到这一点，学生需要应用他们所知道和理解的东西，并检查结果。在这里，我们看到我们熟悉的朋友——试验与错误，回到了学习过程中，同时也看到了应用和分析之间关系的更多佐证。

- 要求学生根据他们的知识和理解创造一种产品。例如，要求学生为那些从未接触过我们这个课程主题的人做一份指南。这将让学生们应用他们所知道的信息，通过为一个特定的读者群写作的方式来完成这项任务。

- 挑战学生通过一种或多种形式来表达他们对内容的理解。例如，我们可能会要求一个公民品德课的班级制作一篇连环画，展示他们对人权的理解；或者我们可以让一个英语班来出品一场角色扮演戏剧，展示两个莎士比亚戏剧的角色如果被移植到现代社会会如何表现。

- 给学生一些新材料，让他们根据已经知道和理解的内容对其进行分组。例如，我们给学生一套卡片，其中包含了影响移民的各种因素，并要求他们按推拉因素将这些卡片分组。

- 挑战学生来设想在一个特定环境下他或其他人会如何使用所

知道和理解的内容。这时案例研究是一个很有用的工具。例如，在设计技术课程中，我们可能会让学生进行关于某一特定产品的案例研究，并让他们根据对可持续性设计和制造的了解，提出如何改进产品可持续性的方案。

■ 以分析为促进点

分析也可以成为我们课程学习的促进点。如前所述，它可以是独立的，也可以与分类法的另一个层级相结合——通常是应用，但有时也包括综合或评价。以下是五个你可以自行尝试的课堂活动：

- 让学生比较和对比两种或两种以上的事物。这类分析的活动是你非常熟悉的，可能也是使用最广泛的。比较过程包括分析有关事物的性质和结构，这有助于学生深入了解事物是什么样的，以及它们如何相互联系。这时为学生提供一系列问题，让他们以这些问题为基础进行比较，这会对他们很有帮助，对能力较差的学生尤为有益，因为他们可能很难深入地进行比较。

- 挑战学生对假设进行测试。这样的活动并不局限于科学课程。例如，在历史课上，我们可能会要求学生测试这一假设：二战是由《凡尔赛条约》引起的。在测试一个假设时，学生必须分解假设的元素，检查它们，收集他们测试的结果，然后用这些结果来审视假设是否能被证实（这可能涉及一定程度的评价）。

- 让学生研究一个主题，要求学生必须根据一个合适的问题开展研究。这意味着学生们在过程中始终保持分析状态——因为他们知道，最终，他们必须回答问题，而非仅仅整理不同的信息。

- 为学生设置一个挑衅的、有争议的或批判性的讨论问题，他们必须通过重新审视他们已经熟悉的内容来回答。例如，你可能会提出一个反直觉或反事实的问题，学生们必须两人一组来回答。要做到这一点，他们必须回顾他们在课上所学到的东西，并从问题引发的新角度来看待它。

- 鼓励学生检查他们的作业，并分析如何改进。要做到这一点，他们需要区分哪些是对的，哪些是错的，哪些是完美的，哪些可以变得更好，以及哪些需要改进，哪些已经足够完善。在这里，我们再次看到在同一任务中分析、应用和评价的交织，尽管我们主要关注前者。

■ 使用应用和分析作为活动的基础

现在我们来深入思考一下应用和分析是如何构成活动的基础的。这个建议在上文已经提到，并且我已经列出了十个具体的例子。在这里，我想就获得优异结果所需的技巧和策略来提几点看法。

1. 确保学生拥有足够的知识和理解，从而可以从应用和分析的活动中获得极大的益处。如果他们对内容的知识和理解是有限的，那么他们就很难成功地应用这些内容，也就很难进行批判性或有意义的分析。当然，如果你觉得学生将难以进一步发展他们的知识和理解，那么你可以简化应用和分析活动。

2. 使用支架式或示范式教学来帮助学生快速和成功地参与活动。支架式教学为学生提供了一个成功完成活动的途径，带领学生前进一段，好让他们继续走上成功之路。上文已经给出了几个例子，在那些例子中我们建议提供一些指导问题或清单，使学生可以通过这些问题来完成活动。示范式教学给学生一个不同的视角，让他们有机会看到你想让他们做什么。然后他们可以进行复制，将其内化使之成为自己的东西。请记住，示范也包括思维的示范。

3. 大胆地安排学生反复应用的机会。在完全掌握一个学习过程之前，学生可能需要多次练习应用知识和理解。这让我们想起了那句"熟能生巧"……

你可以给学生提供一系列不同的应用操作，并给出一些提醒或额外的挑战。后者特别适合于挑战能力更强、要完成一系列应用型活动的学生。

4. 一前一后安排应用和分析活动。将两类活动按应用在前、分析在后来进行。但是，我们这样做是有条件的，即只有掌握了应用之后，才能继续前进。有些学生将继续学习并完成分析活动，有些学生将继续学习但无法完成分析活动，而有些学生将继续完成应用任务。这是区分整个班级学生学习情况的一个很好的方法，同时还能够对所有学生保持一个高水平的挑战度。

■ 通过有针对性的应用来加速学习

现在让我们回到我之前提到的一点，即针对性应用将如何加速学习。这可以归结为一个简单的预设：如果我们朝着一个结果去努力并关注结果，那么现有知识和理解的应用就会产生极大的洞察力，从而加速学习。

这里举三个例子来说明：

- 在开始一项应用的活动之前，花几分钟仔细地向学生解释和演示成功的标准。请学生与搭档讨论这些成功标准的意义，以及在学习方面对他们有什么影响。开始活动并在教室内走动，你的注意力应聚焦于学生是否朝着成功标准的方向努力。如果没有，把他们的注意力拉回到这些事情上，鼓励他们重新集中精力。在活动结束时，带领学生做一个简短的反思，反思他们是如何通过遵循成功的标准提升知识和理解的。

- 组织一项活动，让学生重复三到四次相同的应用行为，但每次都强调要比前一次做得更好。速度辩论就是一个很好的例子。

我们把全班分成两组，提出一个观点，让全班一半人做正方、一半人做反方。学生有10分钟的时间准备他们的辩词。时间一到，学生需和对面辩方的同学组成两人一组，这样每组里都有正、反方各一名队员。老师来定哪个组先开始。组内学生有90秒的时间向他们的搭档陈述他们的观点。时间一到就互换位置。在此之后有60秒的时间，两方都可以发言，使学生可以在组中同时辩论。

接下来，老师让一个小组起立，为这些学生寻找新的搭档。然后重复这个活动。整个过程可以进行两到四次。在每一种情况下，减少可用的时间，但明确学生仍应以相同的标准传达相同的信息量为目标。重复应用有助于将这些想法嵌入学生的头脑中，并根据他们在这个过程中得出的信息来提炼和发展这些想法。

- 在教室一周设置一圈站点。每个站点都准备一个与学习主题相关的问题。把学生分成小组，小组数量和站点数量一致。解释一下小组需要在教室里走动，按顺序访问每个站点，目标是应用他们的知识解决每个站点设置的问题。为小组成员提供纸张，好让他们记录解决方案。

你在每个站点设置的问题应该是相似但不同的。相似是指它们都将与同一个主题相关——关于这个主题学生已经形成了一定程度的知识和理解。不同是指问题的内容不同，要求学生以不同的方式运用他们的知识和理解。

正如你将看到的，在这些活动中，学生们被要求在相对较短的时间内反复运用他们的知识和理解，并与一些明确的目标相关，这有助于加速学习和持续进步。

■ 运用分析来促进和加深理解

在关于应用和分析的最后一节中，我们将考虑如何使用分析来促进和加深理解。它通过鼓励学生对他们熟悉的事物提出一个更具批判性的观点来实现这一点。更具批判性，指的是学生们看到的东西是处于灰色地带的，而不是非黑即白的。这是因为分析揭示了事物的结构，把我们带到表面之下，在这个过程中，挑战了我们在第一次遇到信息或想法时可能形成的假设。

下面是三个例子，教你如何运用分析来促进和加深理解：

- 向学生提出具有批判性和挑战性的问题。这些可以是口头的，也可以是书面的。它们可以构成课程、活动、讨论或拓展任务的基础。你也可以在学生进行其他类型的活动时，问他们一些分析类的问题。例如，你可以在教室里走动，向一连串学生提出批判性问题，以挑战他们目前对这个话题的看法。

- 给学生一份分析类问题清单，他们可以反复使用这些问题来批判性地思考你所教的内容。这里我们在为学生进行思维示范，为他们提供一个与某个领域相关的批判性思维框架。例如，我们可能会给学生一组问题，他们可以通过这些问题分析他们从互联网上获取的信息。这样做的目的是让学生在每次发现他们认为有用的信息时都能这样对自己发问，有助于他们始终如一地以更批判的眼光看待他们所发现的信息。你可以针对各种主题提出合适的问题。最开始的时候，学生们需要视觉上的提示，但随着时间的推移他们会将你所提供的示范内化。

- 在你的课程中追求一种探究的精神，即你的焦点从知识传授转移至对洞察力和理解力的追求。课程的内容当然包括知识的传授，我们在上一章已经讨论过，但也要鼓励发展批判性、分析型思维。要推动这种探究精神，你可以通过以下方式：以问题的方式呈现你的课程目标，使用问题来设计课程和活动，定期在课程中加入测试、研究、调查和实验，以及给学生机会向自己提出关于你和学习的问题。

以上就是我们对应用与分析的初步探讨。我们将在第六至十章中回顾分类法的所有层级。现在，让我们继续来看综合与评价。

第五章
CHAPTER FIVE

综合与评价

■ 概要

在本章中我们介绍综合与评价——分类法中处于最高级的两个层级。首先，我们将研究这些过程如何在课堂环境中发挥作用，观察它们对学生学习的影响以及它们要求学生所做的认知工作。然后，我们将研究如何使用综合与评价作为一堂课的终点。在此之后，我们将把这两个过程作为挑战的基础，考虑如何使用它们来组织课堂活动。最后，思考它们在让学生创造产出方面可以发挥什么作用。

作为提醒，我们再现一下第二章中综合与评价类关键词：

综合：

组合、组成、构建、创造、发明、设计、制定、假设、整合、融合、组织、计划、提议、综合、联合。

评价：

评价、论证、评估、批判、辩护、检查、评分、审查、判断、证明、排名、评级、评论、估值。

■ 综合详解

在获得了知识、理解了知识、学会了如何应用知识、分析知识并使用它来支持分析其他事物之后，我们达到了这样一个境界：我们对信息、思想都已经相当熟练。我们正在通向掌握学习的路上，或者说是掌握的第一阶段。

到目前为止，我们已经对要学习的材料有了相当详细的、批判性的理解。这让我们可以利用我们的知识去创造、拓展。

综合在分类法中出现得如此之晚，一个主要的原因是，在对之前的内容具备充分的理解之前，我们是无法有所创新的。例如，如果我首先对化石燃料是什么、做什么和怎么用没有一个合理详细的理解，我就无法提供一个替代化石燃料的方案。

综合并不局限于那些传统意义上与创造力相关的学科，如艺术、设计、英语语言和戏剧。它渗透到思想的所有领域。科学进步往往是创造性的，足球战术的演变也是如此，对历史事件的修正主义解释也是如此，还有热情的政治家们提出的新政策方案（尽管也许它们该更有创意一点）。

如果学生有任何关于创造性努力仅限于某些科目的想法，我们需要对其进行纠正。毫无疑问，综合可能在某些领域比其他领域更容易被发现——并且可能收获更大的回报——但无可争辩，它是涉及所有科目的。

在经历了大量的知识、理解、应用和分析的基础性工作之后，我们发现自己处于这样一个位置：我们可以回顾我们所知道的东西，并在我们所知的范围内思考它们的局限和程度。然后，我们可以考虑如何进行改变，这就是一种综合。

另一种综合发生于当我们看到我们所知道和理解的东西，并开始建立以前很难看到的联系时（以前很难看到是源于我们早期不那么熟练的理解中固有的局限性）。这些联系可能在我们理解的特定领域内，也可能在不同的领域之间。第一种情况的例子是一个学生，他建议替代化石燃料的方法是建立新的协议，推动可再生能源的使用。第二种情况的例子是另一个学生，他认为可以通过研究工业革命初始阶段加速创新的因素，然后将这些因素应用到我们现代的环境中，来找到化石燃料的替代品。

第三种综合的方式是通过不断重复的、仔细分析的试验和错误所带来的逐步发展。在这里，我们回到了书中早些时候概述的反馈循环，即微小或重大的变化导致错误和失败，但由于它们产生的信息，这些均被视为学习的机会。这些信息被收集和分析，分析的结果为下一个综合尝试提供了信息。最后我们希望（尽管情况并非总是如意），这些反复的试验和错误将最终带领我们走向我们在开始任务时所追求的目标，或导向另一种依然富有成效的结果。

综合并不局限于这三种表现。但每一个都以自己的方式，代表了我们要求学生在课堂上进行综合的一个重要部分（或者是学生主动参与的）。

你会注意到，有人认为我概述的三种方法是相互交织的。是的，没错。同时也有人说，我有些过于强调这三种方法间的差异。

对于第一种观点，正如本书中提到的其他认知过程一样，交织性是真实存在的，是我们所体验的现实的准确描述。然而，正如其他情况一样，这里的目标只是提供一个我们可以应用的有效模型。

对于第二种观点，我不认为教师把综合看成一个单独的整体有任何帮助。对我来说，这使得这个过程的使用和推广变得比实际需要更困难。通过三种截然不同的模式，我们能够更好地规划与我们目标紧密相关的课程，并鼓励学生以我们认为在我们所教授的主题背景下最有用的方式思考。

总之，所有的综合都是为了同一个目的：创造新事物。要做到这一点，综合者需要对已经发生的事情有一个良好的认识和理解，最好是在批判性分析的基础上。可以使用不同的综合方法，这些方法反映了不同创造性的智力努力。这些方法是相似的，但并非相同。最后，就教学而言，粗糙而实用的模型几乎总是比完美而烦琐的理论更可取。

这就是这里的情况，是我想要概括的，这就是我下面要举的例子。

■ 评价详解

我们现在来看看评价，它可以被认为是分类法层级的顶峰，可以与综合匹敌。

在这里，我们关注的是判断和评估，以及排名、估值和评定的能力。判断，意味着对重要的事情做出某种明智的决定。当然，我们经常在无关紧要的事情上做决定和判断，但我敢说，这种无关紧要锻炼着我们智力的各个小部分，从而变得尤为重要。

在教学方面，我们希望学生培养良好的、明智的判断力和做出有根据的、批判性的判断的能力。这里的每一个描述都表明评价在课堂中所具有的意义的程度。这个意义源于两个事实。首先，它与学生的学习有关，而学习是很重要的。其次，它与学生的批判性能力相关，学生拥有能力也是很好的。

判断是一个很广泛的领域，而我们在本书中关注的是与学习相关的领域。因此，我们可以抛弃那些不太重要的判断问题，比如休息时间是喝茶还是喝咖啡。

当我们要求学生做出判断的时候，我们要求他们运用所知道和理解的所有信息，评估某事物的相对价值。这些价值是根据某些标准来考虑的——必须如此，否则就无法做出判断。这是因为他们的判断行为总是涉及引用判断的依据。

举个例子，如果我请一位学生来评估一个故事是否有一个好的结局，他们判断的质量将在很大程度上依赖于他们对什么是一个好结局的知识和理解，依赖于他们以批判性比较为目的运用知识和理解的能力。

在这里，我们可以看到"智慧往往来自经验"。因为通过经验，我们获得了一套更广泛、更深入、更精确的标准，可以据此做出判断。因此，我们的判断变得更好。（尽管存在一个问题，也就是我们的判断可能也会陷入泥沼，因为过多的经验对创新发展起到负面作用。托马斯·库恩的《科学革命的结构》一书中概述了这方面的经典例子。）

回到课堂上，我们可以看到评价本身并不复杂。不管我们熟悉与否，我们都可以随意对任何事情做出判断。困难的是，做出正确的判断，即由有力的推理、证据、实例和其他类型的论证（比如类比）所支撑的判断。

学生明白这一点，即使是那些最不关注自己思维活动的人也承认，判断的质量从优秀到糟糕不等。

第五章　综合与评价

当我们给出一个评价任务时，他们会意识到它的挑战性。不幸的是，这可能会导致一些学生逃避参与。通常是因为他们觉得挑战的难度太高。他们看到被要求做出判断而退缩，或是因为他们不知道如何才能成功，或是因为他们认识到他们所能调用的知识和理解不足以完成任务。

这是不可避免的，我们时不时都会经历——尽管希望不要经历太多次！

在我们继续之前，我想提出三个简单的策略，你可以用它们来调和这种情况，帮助学生在这个过程中拓展自己的思维。

第一，我们可以为学生示范评价的过程，让他们看到当我们做出某种判断时需经历的步骤。我们可以先口头上说明，然后写下来，并对其进行解释说明。然后，学生们可以根据我们的示范做出自己的判断。

第二，我们可以明确判断的标准。我们回到之前关于判断故事结局是好是坏的例子，如果我们为学生设定了好的结局的构成（比如罗列一系列简短的要点），然后要求他们使用这些标准作为其判断的基础。在某种程度上，我们回到了分类法的更低层级——在这个例子里请他们对我们给出的标准进行分析和应用。但这仍然与评价的过程有关，从而形成支架式评价结构，帮助学生在中长期达到分类法的更高层级。

第三，我们可以与那些不愿做出评价的学生一起，确定他们目前对该主题的知识和理解需要什么。这个获取信息的过程可以帮助我们理解他们在学习上的差距，以及他们是否在分类法的早期层级（比如分析和应用）中遇到过困难。这里我们试图了解学生已经具备的基础，以便确定这些基础是否已经充分发展到可能形成有效的评价。在诊断出任何缺陷、错误或薄弱环节后，我们可以有针对性地解决这些问题，让学生获得更加完善的知识和理解，以便重新尝试评价。

现在让我们转向一些以综合与评价为基础的实用战略、活动和技巧。

■ 以综合为课程的终点

首先想到的是把综合作为课程的终点。这意味着我们要求学生朝着一个他们可以有所创新的目标努力——或者可以利用他们的知识和理解提出新的想法、应用或推进的方式。达到这个目标，表明对课程内容已有很好的掌握。以下是三个实际操作的例子：

- 在历史课上，我们可能会朝着这样的最终活动来推进：让学生对他们学习的历史事件做出自己的诠释。诠释的质量将在很大程度上取决于学生在之前的活动中能够建立的理解的质量和深度。学生的诠释需要使用这种理解（基于知识而且最好是分析型的知识），并将理解组织起来以形成某种连贯的概述。

- 在一节关于消化系统功能的科学课上，我们可能会朝着这样的最终活动来推进：让学生计划自己的调查。为帮助他们做到这一点，我们将提供一份适合作为调查重点的领域的清单。此外，学生将决定如何运用他们的知识和理解来创建一个有效并切题的调查。

- 在一堂英语课上，我们探讨对话在故事中的作用，那么可能会朝着这样的最终活动来推进：让学生创作一个戏剧性的角色表演，通过表演说明如何使用不同的技巧从而使对话有效。这里我们假定课程是建立在已经能够理解和分析这些技巧的基础之上的。

在每一个案例中你都可以看到，如何朝着终点规划课程。这个终点是以综合为基础的活动，要求学生创造性地使用他们之前学习的内容。由此他们将获得对所学知识更深入的认识，推动他们的理解超越当前的程度，使他们能够看到那些原本隐藏的联系。

这些例子说明了综合作为课程终点，代表着向更高程度的掌握推进。

■ 以评价为课程的终点

我们也可以将评价作为我们课程的终点。原理是完全一样的——我们通过攀升分类法层级来确保不断增加的挑战，这样到最后一个活动时，学生们仍然在不断地思考，因为他们越来越接近于掌握该内容。以下是三个实际操作的例子：

- 在社会学课程开始时，我们给学生一个与主题相关的陈述。例如（在研究犯罪行为时）："所有犯罪都是贫穷的结果。"在课程中我们反复提及这句话，用它来构建学习框架。然后在最终活动中，我们请学生使用他们所学到的关于犯罪及其与贫困的联系的知识，来评价他们在多大程度上同意或不同意这个说法。在这里，要做出有效的判断，需要用到从这一课中学到的所有东西。这种方法不仅有利于促进掌握，也能帮助学生看到自己取得的进步——因为他们可以简单快速地比较课堂之初他们对该陈述的想法与课堂结束时他们做出的有依据的判断。

- 在数学课上，我们向学生介绍解决同一类型问题的三个不同步骤。这节课分为五个环节。有一个简短的预备活动，然后是三个情景活动，在每一个活动中我们向学生介绍一个不同的流程，并给他们应用和分析的机会。最后，在本课的第五个环节，我们要求学生评价他们认为哪种方法最有效，以及为什么有效。我们可以通过提醒他们注意各类流程的优势和弊端来给予帮助，然后让他们自己形成一个精确的、有理由、证据和例子来支持的判断。

- 在体育课结束时，我们请学生进行自我评价，判断他们在多大程度上有效地运用了我们教给他们的技能。作为支持我们会提供一套成功标准，并请他们与伙伴讨论自我评价的过程，帮助他们表达出他们对正确、精准地运用这些技能的想法。

请注意在这些情况下学生是如何回顾他们的学习内容并以此达到一个富有成效的终点（判断）的。这说明了评价与综合的相似之处，以及评价是如何代表了一定程度的掌握的（因为它依赖于一个人之前学习的积累）。

■ 以综合与评价为课内挑战的基础

另一项对综合与评价相当常见的运用是将其作为课内挑战的基础，可以有三种不同的形式。第一，按照上面列举的方式，当学生们朝着一个具有挑战性的终点而努力时，在这个终点他们必须对课程内容做出综合或评价。

第二，当我们在课堂上使用评价与综合的任务或子任务时。正如你所能想象的，这是一个非常高水平的挑战。为了达到这个目的，最好放在课程后期的环节，也就是当学生已经建立了良好的知识与理解时使用。

第三，涉及我们为学生设置的拓展任务和问题，可以作为主活动的一部分，也可以作为主活动的补充部分（典型的"拓展问题"，当学生在完成主任务后继续完成）。这些任务和问题对所有学生开放。任何完成了所有课堂学习的学生都可以尝试并享受由此带来的挑战。然而也有一种理解是，这些任务和问题更倾向于被能力更强的学生使用。

从这个意义上说，这是一种典型又熟悉的差异化教学手段。

我们将在第十章中更详细地讨论如何使用分类法来拓展和挑战学生的思维。

■ 使用综合与评价进行结构化的评估

综合与评价可用于结构化的评估，具体方式有三：

1. 我们可以从综合与评价两者中任意一个倒推，创建评估。例如，我们可能会计划一个单元期末评估，在这个评估中学生需要创建一个对整个单元主题的评估性总结。或者，我们可以让学生创作些什么，来展示他们在上一节课中学到的详细知识。

无论我们选择何种方式，过程都是一样的。我们确定想要优先考虑的两个类别中的哪一个，然后构建一个让学生有机会展示他们能力的任务。为了让学生有机会通过使用分类法中的较低层级来得分，我们可以囊括一系列构成最终成果的成功标准或子任务。

2. 我们可以创建一个包含一系列问题的评估，这些问题在分类法层级中从理解到综合与评价逐级攀升。综合与评价这两类构成了最后问题的基础，也只有回答了这两类问题才能获得最大的奖励。因为这是我们要求学生做的最难的部分。这也是众多考试委员会青睐的评估结构。

3. 我们首先确定如何在主题结束时评估学生的学习——是聚焦于评价、综合还是两者结合。然后，我们思考学生需要知道和理解什么信息才能达到成功，以及他们应该如何应用和分析他们所掌握的知识和理解。

接下来，我们将划分要点，并将这些作为规划课程的基础。这样，我们就可以让教学以我们最初决定的具有挑战性的评估为导向。并且，每一课都将有助于学生积累需要的知识和理解，从而让他们在最终的评估中表现良好。

■ 使用综合和评价让学生创造产出

为总结综合与评价这一部分，以及本书的前半部分，我们将仔细思考产出这一概念。当我们把综合与评价作为我们课程的终点时对此已有提及。

产出，是我们希望学生创造的东西。正如我们所知，创造的行为是综合的行为。这表示我们设计的产出可以有不同的侧重点。例如，我们可以设计一个相当简单的产出，学生基本只要应用他们所获取的知识就可以完成。这对于课程的前半部分或中间部分来说是可以的，但是在后期就没有足够的挑战性了。

这里有两点值得注意。

首先，当我们为了实现掌握而设计任务或设计我们希望学生得出的产出时，我们都可以再看一看本章开头概述的关键词。使用它们作为我们的任务或设计的基础，意味着我们直接将学生的思维推向综合或评价。这是一个很简单的方法，可以确保你要求的产出具有高挑战度、高智力要求和高质量。

其次，如果我们发现自己要学生创造的产出不够有挑战性，或者认为我们所期待的产出不够明确，那么我们可以提供基于综合或评价的成功标准，来带领学生朝着我们希望的方向前进。要做到这一点，我们只需要回归之前列出的关键词就可以了。

至此结束了本书的上半部分。在下半部分，我们将透过课程元素的镜头，审视我们如何使用分类法在学习目标与结果、教学活动与产出、提问、评估、拓展与挑战这些方面促成优秀的教学、设计、评分与学习。

  当然，我们已经触及过所有这些领域。然而我们之前聚焦于分类法及其各个层级。接下来，我们将重点转向，来认识各式各样我们可以调用的策略、活动和技巧。

第六章
CHAPTER SIX

构建学习目标与结果

本章我们将考察布卢姆分类法用于构建学习目标和学习结果的方法。它们有时被称为课程目标和课程结果。为了我们的目的，我们将使用第一种表达，但同时我们也认为这两者可以互换。

我的目标是演示分类法在课程设计中的各种实际应用。这将基于我们在前几章中所做的思考。首先，我们来简要地探讨学习目标与结果的性质和目的，以及两者之间的差异。

■ 学习目标与结果概述

目标与结果是课程的基础。当你做课程计划时，你可以选择从定义这两者开始，或者你可能更倾向于先计划课程再将两者编入。两种方法都是合理的。在第一种情况下，目标与结果为我们提供了一个开始的起点。在第二种情况下，我们在脑海中对它们有一个松散的概念，只有当我们将课程组合完毕时，我们才能完全定义它。

学习目标是我们的课程努力的方向。它们是目的，是我们想要实现的东西。有了目标，我们就有了课程的引导，也因此有了我们不断推进的学习。

学习结果是我们希望学生在课程结束时能够做到的事情。如果他们能做到，他们就实现了目标。他们能够做到的程度将表明他们实现目标的程度。这就是为什么我们通常会有多个结果，常常表述为：

- 所有人都能够……
- 大多数人将能够……
- 有些人将能够……

这里我们可以看到，结果囊括了班上学生可能取得的进步的各种程度。虽然我们希望所有的学生都能完全实现学习目标，但这往往是不现实的。不是所有的学生都达到同样的目标。

因此，目标提供了我们的课程目的，结果定义了怎样算或多或少地达到了这个目的。前者是目的，后者是实现目的的方式。

与学生分享目标和结果被视为最佳的实践方式。因为这样做被认为有助于形成成功标准公开化。通过分享，我们帮助学生清楚地了解他们需要做什么才能成功。

例如，我们可以在课程开始时向学生解释学习目标，在课中复习时提及，在全体讨论时再提及，让学生在每一阶段都有进行自我评估的机会，看看自己离实现目标有多近。

同样地，我们也会向学生展示我们希望他们在课程结束时取得的成果。这可以以书面描述的形式显示在黑板上，或者给出范例。

在这两个例子中，我们都在让学生更容易理解成功应该包含什么元素。通过公开课程的内部标准，我们给予学生更好的机会达到或超过这些标准。

当然，其他方法也确实存在。

首先是将学习目标和结果转化为一系列问题，而不是一系列陈述。这样做可以使内容更容易理解，并营造出一种探究的氛围。这里需要强调的是，课程的目的是一系列问题都可以被成功回答，这明显不同于努力去匹配或超越一组陈述。

另一个选择是在与学生的协商中建立目标和结果。这样做的好处是，学生们可以更多地参与到课堂中，从而更有动力去追求老师所倡导的掌握。两个潜在的问题是，学生们可能难以清楚地表达出合适的目标与结果，而他们提出的建议与你更高的目标不相符。这里就有必要回到本段第一句我们用的"协商"这个词。以这种方式思考这个过程有助于提醒我们，这两个问题都不是不可克服的。

总的来说，目标和结果为我们的课程提供了结构，提供了努力的方向和具体的参考点，来判断学生学习的情况。它们始终位于核心。在建立了这些基本认识之后，我们现在可以看看如何应用分类法。

■ 创造具有挑战性的学习目标

进步最大化是教学的中心目标之一。它包括提升成绩和给学生最好的学习和发展机会。如果我们设定的学习目标太容易或太简单，想要实现进步最大化就变得很困难。

由于目标过于简单，学生们几乎没有机会接受挑战，取得比他们自己预期的更好的进步。

这意味着，如果我们想教得尽可能好，我们需要在任何时候都设定有挑战性的学习目标。也就是说，如果要实现这些目标，就需要付出努力和严谨的思考。

分类法显然适合这样的目的。在大多数情况下，我们可以调用三个较高层级——分析、综合和评价——来制定适当的具有挑战性的目标。这个过程很简单。回溯第二章中的关键词，选择一个适合你所教课程的，并将其作为你设定的目标的基础。以下是一些具体的例子：

学习目标：对赞成和反对使用比例代表制的论点进行评估

学习目标：为《小红帽》的故事创作一个新结局

学习目标：研究阻止海岸侵蚀最有效的方法

在以上每个例子中，学习的内容和分类法的认知过程都相互结合。这个过程是由来自分类法的关键词定义的，而内容则是课程关注的信息。我们使用关键词创建一项陈述，描述我们希望学生就教学的内容从认知层面上能够做到什么。

下面是利用较低层级关键词构建的学习目标：

学习目标：能够回想起赞成和反对使用比例代表制的论点

学习目标：能理解《小红帽》的故事

学习目标：说明人为干预将如何阻止海岸侵蚀

这里，我们看到这些目标的挑战水平要低得多。更重要的是，这些目标要求学生做的实际上已经隐含在我们之前提供的更具挑战性的集合中。例如，除非我们能够首先回忆起赞成和反对使用比例代表制的论点，否则我们无法进行评估。同样，除非我们先了解《小红帽》这个故事，否则我们也不能为它创作一个不同的结局。

这带我们回到了先前关于掌握的观点以及分类法的更高层级依赖于较低层级构建的基础这一事实。因此，基于前三个层级的具有挑战性的目标，在促使学生更深入地思考课程内容的同时，也会照顾到更简单的认知过程。

我们还可以使用分类法关键词来创建提问式的学习目标。下面三个例子是之前三个例子的修改版：

学习目标：赞成比例代表制的理由比反对的理由更有说服力吗？

学习目标：《小红帽》的故事还能以什么结局展现？

学习目标：有可能有效地阻止海岸侵蚀吗？

我们即刻看到了一个显著的变化。在这些提问式的目标中关键词已然消失。这反映了问题的本质和结构，以及我们试图通过问题的方式来吸引学生。

之所以要特别强调这一点，原因在于：当你习惯于应用分类法来创建提问式的目标时，你可以先拟出陈述式的目标，然后将其转换为问题。如此可以确保问题与目标分类法的层级紧密相关。

这一过程已在上文举例说明。首先，我以陈述式提出了三个学习目标，使用了分类法中的关键词。然后我对它们进行了修改，使它们以问题的形式出现，这些问题反映出最初的目标。

最后，有必要将两组目标做个比较：

学习目标：赞成比例代表制的理由比反对的理由更有说服力吗？

学习目标：对赞成和反对使用比例代表制的论点进行评估

学习目标：《小红帽》的故事还能以什么结局展现？

学习目标：为《小红帽》的故事创作一个新结局

学习目标：有可能有效地阻止海岸侵蚀吗？

学习目标：研究阻止海岸侵蚀最有效的方法

这一比较清楚地说明了两种学习目标的区别。它们以不同的方式构建课程，对学生提出不同的要求。它们也暗示着不同的目的，提问式的目标相较陈述式更侧重于探究。

当你在决定课程计划中使用什么类型的目标时，所有这些要点都值得细细思考。

■ 创造差异化的结果

在确定了目标之后，我们现在需要将其分解为一系列结果。这些是学生能够做的事情，表明他们已经达到了学习目标。

不同的结果考虑了学生所拥有的不同的起点，以及不是每个人在任何一节课上都能取得相同程度进步的可能性。

常用的表达是"所有人/大多数人/有些人"。这将班级大致分为三组，人数不一定相同。"所有人"的结果是每个人都希望能够达到的最低值。"大多数人"的结果大部分学习者将能达到。而"有些人"的目标通常留给最有能力的学生。

差异化结果的问题之一是为学生的成绩设定了一个上限，将各组贴上了只能获得某种结果的标签。有三种简单的方法可以帮助避免这种情况。

首先，在继续使用"所有人/大多数人/有些人"表达的同时，我们向学生明确表示，这只是一个引导，并不是指向班级中哪一类特定群体。这意味着最高水平的进步对每个人都是开放的，因此，追求掌握的努力对于任何人来说都不是白费的。

其次，我们可以规避"所有人/大多数人/有些人"的命名，转用一些不那么尖锐的术语来描述差异。例如，一些老师喜欢用颜色来表示不同的结果，或者，对于年轻的学生来说，用一些相关的名词，比如水果的种类。在这里，我们的目的是保持结果之间的差异，以及随着难度的增加而产生的认知等级意识，但在沟通这一点时需注意不要造成一种什么人能完成什么事的专属感。

最后，我们可以确保"所有人"的结果本身就具有挑战性，那么"大多数人"和"有些人"的结果也就具有更大的挑战性。这种方式避开了结果差异基于内在能力预期的观点，而以挑战的相对难度来进行区分——从有挑战性到非常有挑战性。

我个人比较喜欢第一种和第三种选择的组合。这样将双倍增强我们对学生的期望值：一是通过我们设定的结果，二是通过沟通让学生知道这些结果是班上任何人都有可能企及的。

当你在构建结果时，记住从你的目标出发。回到课程的开始，问问自己为了成功实现课程目标，学生们需要做些什么。

这就阐明了具有挑战性的目标为何如此重要。如果目标太过简单，它们产生的结果也将不够具有挑战性。

构建能反映分类法各层级的学习结果是有可能的。例如，我们可能会将分析水平与"所有人"的结果挂钩，将综合与"大多数人"的结果挂钩，将评价与"有些人"的结果挂钩。比如说：

学习目标：对赞成和反对使用比例代表制的论点进行评估

所有人都能在一篇关于比例代表制的个人文章中应用赞成和反对的论点。

大多数人能创作出一篇同时考虑两方观点的中立文章。

有些人能够把两方的论点作为其写作的一部分并进行比较，从而得出一个批判性的结论。

这个例子有它的优势。然而一个明显的局限是，它表明只有那些达到第三个结果的学生才完全实现目标。这是有一点问题的，因为它依赖于我们与学生的沟通，告诉他们尽管结果以所有人/大多数人/有些人的形式呈现，但最后一项仍然是班上每个人都可以实现的目标。

另一种方法是以目标为起点，包括它所涉及的分类法的层级，将其分解为三个不断增加难度的层级，每个层级都与所提到的分类法层级相关联。这里再举一例：

学习目标：对赞成和反对使用比例代表制的论点进行评估

所有人都将能够评估赞成和反对使用比例代表制的论点，解释他们认为哪一方更有说服力及原因。

大多数人将能够批判性地评估论点，提出这一系列观点存在的理由，给出自己的观点并以理由、证据和实例来支持。

有些人将能够提出支持双方论点的关键概念，并将这些概念作为对为什么存在不同立场以及这些立场是否能得到有效调和的批判性评估的基础。

这种方法的优点是每个结果都以实现学习目标的形式呈现，而每一个达到的分类法层级是逐级上升的。那些达到第三个目标的学生将处在一个非常高的层级。

其缺点是，结果显得比较烦琐，导致与学生沟通起来难度略有增加。

我个人认为这个问题没有完美的解决办法。两种构建结果的方法都有各自的优势，但都不是完美的。重要的是需记住无论选择哪种方法，结果都应是沿分类法层级向上攀升，以确保对掌握的追求一直是课程不可或缺的一部分。此外，当自己意识到所选择的方法的潜在缺陷时，你就可以着眼于缓和这些问题，办法就是之前提到的两种情况，一是帮助学生看到所有结果都可能实现，二是通过示范与解释结果来增进学生理解。

■ 定义目标，倒推课程计划

在上一节我们暗示了定义目标并从目标倒推计划的优点。现在让我们更深一层思考。

如果我们知道课程的目标是什么，就可以直接引导我们的工作去追求这个目标。考虑到我们对布卢姆分类法应用于课程计划的关注，这个课程目标很可能涉及对课程内容的掌握，或者至少是部分的掌握。

当我们对目标有了明确的定义，我们就能创造出帮助学生更好掌握学习的课程。这是因为我们可以从目标逆向出发，在课程中设计所有必要的步骤，来确保学生能够实现目标。

如果目标缺失，或目标定义不明确，那么通过我们规划的课程元素就不太可能达到我们想要的结果。学生们可以这样做也可以不这样做。由于没有明确的目标来指导，成功的概率就会大打折扣了。

例如，如果我们将学习目标定义为：

学习目标：为《小红帽》的故事创作一个新结局

我们可以很容易地从这个目标开始倒推，确定学生为达到目标需能够做到、知道、理解的各种事情。考虑到我们之前讨论过的思维的发展次序和目标中引用的"创作"一词，这些步骤的确定将不可避免地反映分类法的层级结构。

首先，学生需要知道《小红帽》的故事，然后他们需要理解故事情节是如何发展的，能将理解应用于故事的每个部分，并能比较该故事和其他熟悉的故事的结构异同。当他们做到这一点时，他们就已经准备好创作自己的故事结局来实现目标了。

这个例子说明了一个基于分类法最高层级之一的具有挑战性的目标，如何作为金字塔的顶峰，而在它之下是由课程中建立的学习基础层层铺垫。

这再次说明了具有挑战性的目标为何如此重要。如果我们从一个简单的、相对容易实现的目标起始，那么我们将从一个相当低的终点开始逆向计划，导致学习收获小、基础较薄弱、进步大打折扣。

值得注意的是，定义一个可以倒推计划的目标并不一定意味着要以其最终形式陈述该目标。一些老师发现，在计划过程的开始就把目标固定表述，会抑制创造性思维。这是因为（在他们看来）可能的参数已经被太过严密地定义，以至于不允许探索和发展不同的思想。

然而，即使老师选择在课程计划之初不将目标完全表述，他们依然可能在脑中明确目标是什么——即他们在课程最后想要学生到达哪里以及这个终点与分类法的联系。也就是说，即使目标不用一种固定的句子或问题来表述，它依然存在着。相反，老师选择在课程计划中给自己留有一些自主权，如果目标在一开始就已框定，这种自主权也就无从谈起了。

这种规划方式是完全可行的。唯一的风险是，如果你在开始规划之前没有花一些时间去思考你目标的性质，那么在课程结束时你会发现学生在通向掌握之路上发展得不太平衡。这是因为一开始你没有做出足够的分析，来确保对学习目标有足够清晰的概念（即使这个概念没有通过书面固定表述来呈现）。

总之，基于分类法最高层级之一来定义一个具有挑战性的目标，是制定课程计划的绝佳起点。定义可以是完整的、固定的，也可以是部分的、灵活的。在后一种情况下，应进行充分的分析性思考，以确保目标在指导课程内容方面的持续有效性。

■ 将结果与活动联系起来

回到结果，成功达到预期结果的方法之一是将它们与课程活动联系起来。有两种联系的方式。

第一种是我们通过不同的活动来获得不同的结果。例如，我们可以在课程之初的活动中先聚焦"所有人"的结果，在之后的活动中转向关注"大多数人"的结果，最后的活动再关注"有些人"的结果。

问题是，随着参与每一项活动的学生人数递减，班级的整体进步可能会相对缓慢。这是因为我们已经将结果定义为"所有人""大多数人"和"有些人"三等，而不是面向所有人。因此，在最后的活动中，我们只能聚焦少数人而不是多数人的进步。即使我们强调所有的结果都有可能由所有学生完成，也极有可能出现不是所有的学生都能成功参与最后活动的情况。

这里提供一个简单的解决方案。

对于每个连续的活动，特别添加一个与下一结果相关的元素，而非只是计划一个只针对下一结果的活动。在这种情况下：

活动一——"所有人"的结果

活动二——"所有人"和"大多数人"的结果

活动三——"所有人""大多数人"和"有些人"的结果

虽然从课程计划角度来看更具挑战性，但这种方法对于保持每个课程环节全体学生的良好进展是非常有效的。结果的结构本质上是渐进的（因为每个活动变得更具挑战性），同时也允许所有学生在每个阶段都能参与学习（因为每个活动都是从"所有人"的结果开始的）。

实现这种方案的一种办法，是根据分类法的不同层级，将子任务组合在一起，就像我们上文列出的那样。因此，上文的活动二实际上包含两个捆绑的子任务，一个目标是"所有人"的结果，另一个目标是"大多数人"的结果，而这两个目标都是基于分类法的两个连续层级。活动三除了有三个子任务之外，也将遵循相同的处理办法。

第二种办法，涉及计划一系列的活动，每一项活动都会以某种方式达到你所定义的所有三个结果。这将导致在同一节课上学生们能够以不同的速度进行学习。

实现这一办法的三个简单技巧如下：

- 使用子任务，但要确保计划的每个活动都具有三个部分，每个部分都关联不同的结果，因此每个部分都比前一部分更具挑战性。
- 使用扩展任务和问题作为你计划的每一项活动的补充，这些让你获得第三个也是最具挑战性的结果（"有些人"的结果）。这里，我们为那些更有能力的学生提供推动他们思维、帮助他们实现最有难度的结果的学习内容。然而，这部分内容也将为所有学生展示（例如在黑板上呈现或在材料中注明），用以强化这样一个理念：有针对性的努力可以帮助每个人实现自身进步的最大化。
- 详细列出每项活动要实现的结果的成功标准。例如，你的第一个活动可能有5条成功标准，前两条与第一个结果（"所有人"）相关，后两条与第二个结果（"大多数人"）相关，最后一条与第三个结果（"有些人"）相关。在每一个活动中，所有的学生都有机会接触到各种各样的成功标准，但他们不一定都能达到，而是可能达到适合他们当前情况的挑战层级。例如，一个学生可能达到了前两条成功标准，但发现第三条是一个特别的挑战；而另一个学生可能努力参与了大部分的活动，试图达到第五条标准。

■ 计划一系列的学习目标

当涉及中期计划，也就是计划一个单元、任务或整个学期课程时，先计划与你为学生设定的更大学习目标相联系的一系列目标，会极有帮助。

这里举一个例子来阐述：

我正要为11年级的普通中等教育证书考试课程计划一项研究大众传媒社会学的单元学习。我的目标有三。第一，我希望他们准备充分，能够回答关于这一主题的考试题目。第二，我希望他们能够将他们对大众媒体的知识和理解与他们更广泛的社会学专业知识联系起来。第三，我想帮助他们批判性地分析自己对大众媒体的体验，包括它如何影响着他们的身份。

你会注意到这些目标既涵盖了教学的工具属性，也包括了一些颇为不易的最终目的。

在明确了我的目标之后，我开始考虑我需要的时间。让我们想象一下，我有12节课要讲考试委员会规范中列出的内容。我相应地把它分成几个部分，大概此时还只能粗分，然后来计划我的12个学习目标。

这里，我们发现了使用布卢姆分类法帮助我们计划课程的另一个巨大优势。

我为学生设计了两条通往掌握之路。一是一系列单独的路线。也就是课程本身。在每一课中我都希望学生取得进步，从而掌握我们所学的内容。二是总路线。也就是说掌握我上文提到的三层目标。在这种情况下，我的意图是构建一系列的课程，使我的学生能够实现综合的目标。

使用分类法来提前计划一系列目标，可以使计划变得相对简单。首先，我可以纵览这12节课程，对每一节课或指定一个明确的陈述式或提问式目标，或做足必要的分析工作以获得教学方向的整体概念，同时给自己留下灵活发挥的余地以便有所创新。

接下来，我可以将12个目标作为一个整体，审视它们是否能让学生实现更宽广的目标。如果每一个目标都具有足够的挑战性，并且在其中使用了来自分类法最高层级的一系列关键词，那么答案一般来说是肯定的。如果不是，我可以返回修改我的目标，直到达到我想要的状态。

例如，在帮助学生批判性地分析自己在大众传媒领域的经历这方面，我觉得自己的计划还不充足。回看我设定的目标，我注意到我已经优先考虑了关于诸如审查制度、偏见以及媒体与观众之间的关系等方面的社会学论点的评价。我不想放弃这些，因为这将帮助学生掌握这些方面，并应用于考试。然而，我注意到我所能做的是拓宽这些目标，让它们既包括对这些论点的批判性评价，也包含这些论点与人的媒体体验的相关性，从而全部满足我列出的三个更高目标。

以这种方式进行中期计划，有助于在一系列课程中保持一定程度的挑战，同时允许你既实现有限的、特定课程的目标，也实现综合的、总体的目标。它还会使后续的个别课程计划变得更简单，既因为上文提到的目标倒推法，也因为大框架已经成型使得进一步计划时心中有底。

■ 以结果促进掌握

在本章的尾声，我们来思考如何利用结果在学习中期促进掌握。

通过上文介绍的方法，我们在一系列课程中定义了一整套具有挑战性的目标，这些目标经过精心设计以满足我们的多种目的，然后我们现在就可以考虑中期学习成果了。

实践过程其实与目标类似。通过粗略或具体地定义我们希望学生在每节课上取得的成果，我们对于将如何带领学生走上掌握之路给出一个清晰的综述。

我们可以回顾带领学生走过的"地图"，检查是否有：

- 任何空缺
- 任何重复
- 任何挑战性不足的部分
- 结果是否符合我们的课程目标以及更高目标
- 结果会在多大程度上为所有学生带来卓越的进步

在此过程中，我们会批判性地评价我们确定的结果的质量——或是开始确定，如果在课程计划后期之前都只是松散地定义结果的话。这给了我们一个机会去筛选、打磨我们的想法，并强化它们的影响。最后，这将带来对学生更加有效的课程，而且当这些一个个单元放在一起时，将帮助学生取得比其他情况下更大的进步。

毫无疑问，布卢姆分类法是这个过程中的一个重要组成部分——因为正是分类法为我们的成果创造了基础，就像它为目标创造基础一样。

总之，如果我们想要规划具有挑战性的学习目标和结果，分类法是一个必要的工具。它提供了掌握的框架，我们可以使用它来确保这一阶段的计划是有效的,并为我们实现最大化进步这一更高目标做出相应的贡献。

在下一章中,我们将研究在构建活动时如何使用分类法,以及分类法如何助力我们去创建帮助学生达到或超越计划目标与结果的课程。

第七章
CHAPTER SEVEN

设计教学活动与产出

布卢姆分类法是开展活动的极佳基础，它将允许你为学生构建与他们当前水平紧密匹配的任务，并帮助他们向更高层级发展。这个观点我们早已提及，所以本章的重点将是你和学生可以使用的具体教学活动案例。

在本章末尾，我们还会考虑如何使用产出作为我们课程计划的基础。这涉及确定我们希望学生产出的产品（需要分类法的协助），并在此基础上构建我们的课程。

■ 教学活动概述

教学活动是课程的基石，是除了我们希望学生学习的内容外另一个教学关键因素。以这种方式来思考，我们可以将活动看作是容器，而相关的学习内容被放置在对应的容器中。

优秀的活动案例不在少数。有些是特定主题的，而另一些适用于所有课程。所有活动基本上都是要求学生做与课程内容相关的某些事情，是以认知为基础的。

换句话说，活动要求学生使用不同的认知过程来参与课程内容的互动。因此，它们与分类法紧密相连。

就活动与分类法的相关性，老师可能知晓，也可能不知晓。在知晓的情况下，我们可以想象他们计划了一系列的活动，并认识到这些活动要求学生以不同的方式进行思考，但不一定熟悉分类法定义下的复杂结构。

这一点表明，当涉及活动开发、应用和排序时，对分类法有良好的应用认知是有益的。如果我们知道分类法如何运作，并能理解不同层级所提出的不同认知需求，那么我们就能更好地根据自己的意愿来安排活动，而不是没有明确目的地使用它们。

例如，一位老师要计划一系列活动，让学生通过自己的分析，对回收利用的话题有更多批判性思考。第二名教师对分类法有很好的理解，由于他知道如何和为何要将分类法应用于某一目的，所以他能够更快、更有把握地计划活动。

理解分类法不是成功计划活动的必要条件，但它一定会有所助益。从速度的角度来看，我们会注意到熟悉促进效率的两种具体方式。第一，我们不需要花费大量的时间来设计一系列越来越有挑战性的活动。我们可以简单地使用分类法的框架。第二，如果我们设计了一个活动但不确定它所带来的挑战的相对水平，也不需要烦恼。我们可以将其与分类法层级进行比较，做出判断，并在必要时进行调整。

延续上一章的内容，这里举一个如何快速有效计划活动的例子。

在确定了学习目标和一系列学习结果后，我们继续进行计划活动，制定了以下框架：

预备活动：知道

活动一：理解

活动二：应用

活动三：分析/评价

收尾：反思

我们立刻就获得了一个进阶的、具有挑战性的课程框架，可以推动全班学生的学习。另一种选择是：

预备活动：知道/理解

活动一：知道/理解/应用

活动二：理解/应用/分析

活动三：应用/分析/综合

收尾：反思

这对应了我们在前一章中罗列的不同计划方式，为在课程中所有环节达成所有结果提供了机会。

这两种方法都为我们的课程提供了一个框架，我们可以将它作为学生学习和与相关内容互动的基础，并通过我们在每个阶段选择的活动来实现。

需要注意的最后一点是，在某些情况下，特别是第一次引入主题时，我们需要在分类法的较低层级上花费更长的时间。例如，在科学课上，学生在能够应用大量内容之前，首先需要知道和理解大量内容。在这种情况下，我们仍然可以调用一个可以迅速成形的基于布卢姆分类法的框架。唯一不同的是，我们不强求在一节课上扩展多个层级，而是考虑到学习内容的性质，选择通过几节课来完成。

之所以要提这一点，是因为这是我们许多人都熟悉的一种情况，也因为它纠正了一种观点,即我上文提到的两种框架适用于所有课堂。当然,它们适合很多课堂,但这并不意味着适合所有课堂。

然而,关键是,从分类法的角度思考课程结构,可以快速勾勒课程框架,确定框架内的进阶属性,并让你对每个课程活动的指导方向充满信心。

■ **知道与理解类活动**

在这一节和接下来的两节中,我将概述一系列适合在众多课程环境中使用的活动范例。

让我们从知道类开始:

1. 请学生创建一个与主题相关的列表,可以是记忆里的信息,也可以是你想让学生学习的新信息。在后一种情况下,你应该提供必要的资源,例如教科书或讲义,供学生从中提取信息。

为了帮助学生区分信息,你可以提供一系列的标题,每个标题之下再列列表。或者,你可以把班级分成几个小组,给每个小组一个不同领域,让他们列出自己的列表,然后让他们再聚在一起分享各自的发现。

2. 请学生创建思维导图,展示他们对某个主题已经知道的信息。思维导图的有效之处在于它能让学生回忆信息之间的联系以及单个信息片段并将其可视化。这种思维导图形式也可以在课程的其他环节使用。例如,学生们可以制作《麦克白》思维导图,并在一系列更具挑战性的活动中使用它作为思维辅助。蜘蛛网图、头脑风暴图和概念图都是这一形式的变体。

3. 请学生制作一张图表,展示他们对学习主题的了解。图表的设计可以留给学生，也可以提供模板供他们使用。在后一种情况下，你可以创建一些你认为最能有效帮助学生收集信息的形式。

信息图表的一大好处是，学生可以在学习一系列课程之后再次回顾图表，每次回顾都在之上添加新掌握的信息。这有助于他们了解他们的知识是如何发展的，也起到记忆辅助的作用，同时给学生提供了建立信息间联系的机会。

4. 请学生根据相关信息制作时间线、词汇表、情节板或其他形式的摘要。时间线、词汇表和情节板都是具体的排序工具，通过它们我们可以对熟悉的信息进行排序和记录。不同的工具有其特别的用途。

例如，时间线在历史课上的运用就比艺术课更多，正如词汇表在心理学课上的用处大于音乐课一样（尽管它在某种程度上取决于我们对一门学科研究到什么水平）。我想强调的是，不同的排序工具或多或少与不同的主题和研究领域相关。

再来列举一些理解类活动：

1. 为学生设计一系列关于他们所学知识的问题。这些问题应集中在学生的理解上，要求他们解释、论证和说明他们已经了解的内容，目的是让学生有机会表达他们的理解。当他们思考他们所知道的信息，并将其清楚地表达出来时，他们的理解将进一步提升。

2. 请学生通过不同的媒介或形式就他们的知识进行交流。例如，如果学生列出了关于火山的所有关键事实，你可以让他们通过图表或电视纪录片的旁白脚本的形式来解释火山的运动。

将信息从一种形式转化成另一种形式的过程将帮助学生提升他们的理解；它也将挑战学生，让他们将知道的各种信息组合成一个整体，这个整体（例如图表或脚本）就是他们用来交流理解的工具。

3. 请学生将所学到的知识用自己的语言表达出来。这就意味着，学生们必须超越逐字逐句地抄写下所记内容的简单记忆，将这些信息整合在一起，形成自己的解释，也就是表达出他们自己的理解。

这对于一些学生来说有难度。为了帮助他们，你可以提供指导，给出一些具体的句子和段落。这样既减轻了学生的认知负荷，也为他们提供了表达结构，让他们把所有的精力都集中在要表达的内容上。

4. 如果学生已经学习了某个流程或一系列事件，请他们制作一个流程图来展示其本质。这里，学生必须把他们所学到的不同信息分开，并进行排序。这样做有助于他们更好地理解整个过程或顺序。然后，他们将能够通过流程图传达这种理解。

你可以通过要求学生在流程图上加上对具体知识点及事物联系的解释（例如一件事如何导致另一件事），来推动进一步的理解。

■ 应用与分析类活动

现在我们继续沿分类法层级攀升，将注意力转向应用：

1. 让学生去解决他们不熟悉但与正在学习的主题相关的问题。不熟悉是关键，因为这才能使学生应用他们已经掌握的知识和理解。如果问题是熟悉的，那么学生只需简单地回忆解决方案，这无助于提高他们的理解。

一个好的方法是给出一系列逐渐变复杂或深奥的问题。这将提升学生的进步感，因为他们在面对后面的每一个问题时，都要更加努力地应用他们所知道和理解的内容。

2. 需解决的问题的变体之一是情境化。这是一种特定类型的问题，通常与现实世界紧密联系（虽然也可能是虚拟情境），在这种情况下，学生必须利用他们的知识和理解来找出最佳解决途径。一个简单的例子就是：在这种情况下你会做什么，为什么会这么做？

一个更具挑战性的例子是，我们给学生设置一个不熟悉的情境，其中包含一系列变量，并要求他们将自己的知识应用到这个情境中。例如，我们可能会教授关于气候变化的课程，在向学生展示关于发展中国家工业政策的案例研究之后，要求他们应用关于发展中国家和可再生能源的知识，给出既降低国家排放量又保持经济增长的解决方案。

3. 请学生解释为什么有些事物会是如此。这些事物应与课程主题相关，但学生并不熟悉。我们的目的是创造一种情境，让学生运用他们的知识和理解来解释或演示不熟悉的事物。

例如，我们可能会先教学生基督教神学中宽恕的意义，然后再给他们介绍一系列基督教人物选择原谅或不原谅的例子。接下来，我们会让他们解释为什么每个人物都做出了自己这样或那样的选择，这些选择是否符合神学。学生将运用他们的理解去寻找答案。

4. 最后一个例子是，我们可以设置"现场"情境，学生需要运用他们的理解来继续学习。例如，在体育课上，我们可能会教授一种技能，然后让学生参加一系列小型游戏，在游戏中必须尝试应用这种技能。或者，我们可以先演示一个数学程序，再挑选一组方程，请学生应用之前的程序来解决。

这些都是积极实践的例子，学生在获得一些基本知识和理解的基础上——在这些例子中可能是一种技能和一套程序——接着通过在短时间内反复应用这些内容来取得进步。

接下来，我们将重点转向分析：

1. 给学生一些他们需要调查或测试的内容。可能是一项假设、一句陈述或者一个问题。如果是问题，应该设计得足够开放以支持持续的分析。这种类型的问题一般是调查式问题——学生对受访者进行一段时间的询问。

你可以以多种方式设计这类活动的结构。第一，你可以为学生提供一系列子问题，要求他们回答。第二，你可以将任务划分为单独的子任务，指出通过依次完成每个子任务，将实现所希望的结果。第三，通过给出成功标准来说明分析应该以何种方式进行。如果调查需要体现某种方法，如同科学调查中所使用的方法，这一点就尤为关键。

2. 要求学生考察某一事情，并就他们的发现撰写详细的报告。考察和调查颇为相似，然而前者的指向性没有后者强，可以在更广泛的情况下使用。例如，医生会检查病人以了解他们的现状，然而他们会对一个具体的疾病进行调查。

在一堂文学课中，一个考察的例子就是我们向学生提供一首诗，让他们考察诗的结构、作者使用的意象和其对读者的影响。这里，我们通过具体说明我们认为最重要的方面来给出考察的结构。我们也可以加大难度，要求学生首先决定他们认为应该关注什么方面，并说明这个决定的合理性。

3. 要求学生两人一组，向他们提供与主题相关的材料——例如，历史课上挑选出的资料、化学课上的一些测试结果或设计技术课上的一套产品设计。向学生说明他们需要观察这些材料并识别出其中的任何模式、趋势、相似或不同。

这是比较和对比的升级版，通过提供多个事物让学生考察多个方面，来挑战学生。这有助于提升学生理解的深度和复杂性。

4. 为学生提供一个主题，让他们独立或组成两人一组来对其进行研究。你可能会倾向于使用一个研究问题而不是一个一般性的主题，或者你可以让学生根据主题来创建一个研究问题。

设置一项研究任务的风险之一是，学生们在试图涉猎过多的信息时陷入困境。你可以在任务开始时告诉学生如何缩小关注点，从而有效区分任务过程中的有用部分和多余部分，帮助他们避免上述困境。这包括向学生展示如何识别和应用与研究主题或问题相关的标准。例如，一条信息是否与目标领域直接或间接相关。

■ 综合与评价类活动

最后，我们到达分类法的顶端。首先是综合类活动：

1. 请学生创造一些东西，使他们能够广泛调用已掌握的知识和理解。例如，你可以要求他们创建一份指南、传单或一次展示、一篇论文、一张海报、一系列课程或报告或个人作品。从本质上说，任何合理的大型产出都是合适的，只要它涉及对不同信息片段的操作和组合，并且是基于学生已经形成的理解。

我们的目标是让学生有机会利用他们所知道和理解的东西去创造新的东西。这将与课程主题密切相关。物理课可能引导学生创作的范围不同于艺术课。虽然某些产出可以作为更多主题创作的基础，但有一些产出只适用于特定的主题。

2. 向学生发起挑战，请他们开发一项设计，以他们现有的知识和理解为起点，并从这个起点出发提出一些新的建议。设计任务的例子包括设计替代方案、设计解决方案、设计不同版本、设计原型、设计实验、设计测试、设计解读和设计广告活动。

在每一种情况下，学生都需要把他们所知道的个体元素组合在一起，并将其作为新结构的基础。这是极具挑战性的，但也往往能高度激发学生的学习动力。对于那些可能在综合方面感到困难的学生来说，给出示例特别有用，它将为这些学生提供一个良好的起点，在此基础上构建他们的设计（或创造），并增加了他们最终完成任务的可能性。

3. 请学生将不同的想法或信息融合在一起，形成一个整体。例如，我们可能会要求学生提出一系列与相关陈述（分析）相关的论证，然后把这些论证融合形成一篇论文。或者，我们可能会要求学生将一个存在的事物（例如一个水循环模型）与另一个想法或信息（如一个工业排放污染淡水来源的模型）融合，创造一个价值大于各部分总和的整体。

你可能注意到，我在这里使用了"创造"这个词。将观点组合在一起的活动，与基于创造的活动（见上文）存在着质的不同。前者倾向于将两个或多个不同的元素组合在一起形成一个新的整体。而创造则拥有更广泛的含义，并且不像前者一样以保留各组元素为前提。

4. 请学生对回应一个问题或挑战做出计划。根据具体情况，学生也可能有机会去实施他们的计划。然而，制定计划本身就是在做综合，因此即使在没有机会执行的情况下这样做也将有利于学生的进步。

例如，在一节关于佛教的宗教研究课上，我们可能会要求学生计划一次学校活动，向家长介绍佛陀的主要教义。我们可以发起一个挑战，让学生思考他们如何能使活动具有互动性，以及他们如何确保家长在参与活动时不会产生任何误解。这说明了如何通过使用额外的要求使计划任务的难度或多或少地增加。

现在我们来到最后一站——评价：

1. 挑战学生去评价某事，意味着要求他们从自己的知识和理解出发去看待并做出判断。要使基于评价的任务有效，被评估的对象必须清楚,并且在理想情况下有足够的深度供学生做出详细的决定。

例如,在体育理论课上,我们可能会要求学生评价一项旨在促进肌肉增长的运动计划的质量。学生在进行评价时,需要考虑一些因素,包括运动计划的构成因素,以及这些因素加在一起会导致肌肉增长的程度。

自我评价和同伴评价也与此类似。在这两种情况下,学生都被要求运用他们对主题的知识和理解,以及什么是好的表现,来做出某种判断。如果教师花时间训练学生在同伴评价中寻找信息,训练他们如何成功地使用打分表或成功标准来做出判断,以及如何从这一步过渡到提供反馈,那么这两项活动都将非常有效。

2. 请学生批判一个观点、解释、实验、设计、一篇文章等。批判与评价的不同之处在于更加强调否定性。虽然评价往往涉及评估优点和缺点,但批判通常是指出某事物内在的各种问题或局限性。

例如,在花了一节课的时间研究如何开发一个健康、平衡的饮食菜单之后,我们可能会给学生们提供一系列可能的菜单,要求他们根据所学进行批判。批判的点集中在识别每份菜单中的问题上,提出的任何批判性观点都必须参考课程中建立起来的知识和理解来论证。

3. 批判的对立面是辩护。当我们要求学生为某事辩护时,我们要求他们呈现与所讨论的事物相关的所有优势,以及使其区别于同类事物的益处。为一个命题、论点、观点、设计方法或方法的过程辩护,需要学生为所讨论的项目提出有利理由。在这个过程中他们需要调用已经学习和理解的所有内容。这就形成了一个框架,通过这个框架他们可以做出正面的判断,最重要的是,他们可以试图说服别人相信自己所述的价值。

例如，我们可能会要求一组心理学学生为攻击性的心理动力学解释辩护。在辩护过程中，即使他们不同意这种解释，他们也不得不组织起关于这种解释的相对优势的描述。

辩护式任务的一大用法是把班级划分为团队，让每个队为一个不同的争论观点辩护。这增加了竞赛感和趣味性，学生们相互竞争，为了说服老师（或整个班级）他们为之辩护的观点是最好的。

在上述例子上再作延伸，我们可以把班级分成三个小组，第一组为攻击性的心理动力学解释辩护，第二组为生物学的解释辩护，而第三组为社会学习理论提供的解释辩护。

最后有两点需要注意。第一，基于批判的活动也可以采取同样的展开模式（分组竞争）。第二，批判和辩护可以结合在一起，即维护自己方的观点，批判对方的观点。这种结合更具有挑战性，因为它要求学生同时关注评价的两个方面。同时这种形式也会给课堂带来一场慷慨激昂的辩论赛！

4. 最后让我们来关注排序活动。你可以在课程的不同时间点调用它，但是如果在临近课程结束时使用效果更佳。这是因为学生将有足够的时间来积累他们对某主题的知识和理解，引导他们对不同事物的排序做出更详细、更深思熟虑的判断。

在任何排序活动中，都需要考虑两件事：排序的对象以及排序的方式。对于前者来说，几乎任何事物都有可能——论据、想法、方法、因素、潜在解决方案、计划、理论等。对于后者，可选择项稍微少一些，比如：从用处最大到最小的，从可能性最大到最小的，从相关度最高到最低的，从最强到最弱的，等等。

当学生参与排序活动时，他们很可能只对内容进行了排序，并停留于此。其实至此才完成任务的一半！要从认知角度最大限度地利用这一活动，我们须鼓励学生为他们的排序决定提供明确的理由。他们必须调用他们的相关知识和理解，来为自己的选择进行解释。

有些活动在纯粹的排序行为上增添了些许变化，值得注意。第一，使用"菱形九"的方法。我们要求学生按照1、2、3、2、1这样的层级结构对9个项目进行排序。这提出了一个不一样的方案，因为学生必须决定他们认为哪些项目可以归为平级，以及一个项目排序位于另一个项目之上或之下需要考虑哪些因素。

第二，在一节课或连续几节课中重复使用排序活动。这里，我们让学生在一系列情境下回到他们最初的排序，看看进一步的学习是否改变了他们原先的想法。当然，无论是否改变，他们仍必须为自己立场的正确性提供论证。

第三，双重排序法。我们首先要求学生根据一组标准对选择的项目进行排序，然后引入第二组标准，并要求学生评估他们的排序是否因此而改变。这对帮助学生从不同的角度看待熟悉的材料尤其有用。

■ 教学产出

我们已经介绍完活动，现在来关注活动要求学生创造的东西——产出。

在上述所有例子中，不同的产出都是我们要求学生所做的结果。那我们掉过头来想，我们从一开始定义学习目标和结果时就问这样的问题：在每一节课结束时或每一项活动结束时，我们想要学生产出什么，以展示他们已经达到的最大进步？

以这种方式思考，意味着根据最终产出，而非活动或内容，来进行课程计划。这种方法并不适用于所有人,然而它确实有它的优势。

对产出的思考,意味着在活动或课程中,确定成功代表着什么。例如,我们可能有这样一个学习目标:

学习目标:*研究阻止海岸侵蚀最有效的方法*

我们可能会决定,在课程结束时我们希望学生能够站在全班前面发表一段两分钟的演讲,概述阻止海岸侵蚀的不同方式,然后指出他们支持哪种方式以及支持的原因。

或者,我们可能会决定,学生应能够制作一个合理详细的决策树形图,并用它找出在一般情况下阻止海岸侵蚀的最佳方法。

这里,我们可以看到我们定义为终点的产出将基于分类法中的较高层级,即这些认知过程如何产出具有最大认知深度的产品。此外,值得注意的是,在确定了一个有认知深度的产出之后,我们就会以此基础进行课程计划。以上述两个例子为例,很明显,无论我们选择哪一个,我们的课程都会因此产生差异——也许只是细微的差异,也有可能差异巨大。

从产出出发的另一个好处是,我们可以通过产出这一镜头来考虑活动的计划。如果我想让学生在课程结束前能够生成一个详细的海岸侵蚀决策树形图,那么我计划的预备活动和一两个后续活动就需要让他们获得必要的知识和理解来完成这一产出。

一般来说,学习目标也是一样的——通过目标这一镜头来做出关于课程计划的决定。产出的不同之处在于其镜头更加锐化,因为需要根据非常具体的结果做出决定。一些老师喜欢这种方式,而另一些会觉得这样限制了他们的创造力。

以最终产出为出发点的最后一大好处是,你可以选择最适合你的学生或最适合你所教主题的产出类型。当然，这一好处并非仅限于这种方法——也可能在其他情况下做出类似的决定——但如果产出是我们进行课程计划的第一站，这种思路就会让课程计划变得更轻松，不会出现你已经计划好了活动，然后发现为了确保得到你真正想要的产出还要对活动进行调整的情况。

为了对以上产出和分类法的简要介绍做一个小结，我罗列了一下课程可以有哪些产出形式：

广告

附有注释的参考书目

艺术展

传记

设计图

棋盘游戏

图书封面

手册

公告栏

纸牌或棋盘游戏

图表

拼贴

插图集

故事集

连环画

电脑程序

填字游戏

第七章 设计教学活动与产出

辩论

详细实例

日记

透视图

展览

戏剧

戏剧独白

社论

论文

实验

实验记录

寓言

事实档案

童话故事

家谱

词汇表

曲线图

平面设计

贺卡

插图故事

期刊

标签图

大规模绘图

讲座

信函

读者来信

课程

素描

杂志文章

地图

附有说明的地图

移动雕塑

博物馆展览

编曲

新闻报道

折页

图案说明

图片报道

图解字典

播客

诗歌

海报

参考文件

PPT展示

调查

视频

单词表

书面报告

第八章
CHAPTER EIGHT

促进高质量的提问

提问是老师可以使用的最重要的工具之一。我们每天都会提出数以百计的问题——这可能是我们与学生交流的最主要方式。我们所提问题的质量,直接影响着学生的进步。通过提出更好的问题,我们可以促使学生取得更大的进步。在本章中,我们将探讨布卢姆分类法在促进高质量提问方面所扮演的角色。

■ 提问概述

提问,是对被提问的人提出要求。在课程环境中,我们通过提问,对学生提出要求。这些要求通常是认知性的——我们要求学生以某些方式思考,进行某些思维活动——并与学习紧密相连。

如果我们只提一些涉及简单认知过程的问题,或者让学生进行猜测而非思考,那么我们就无法将课堂上的学习容量最大化。正因如此,我们应该关注我们的提问,而不是只凭现场想出好问题或者只是希望自己能提出好的问题。

分类法清楚地描述了认知过程和掌握学习的框架，是我们用来构建提问的有效工具。不论一个学生之前拥有什么样的学习经历，或者他与全班或同伴相比处于什么相对水平，我们都可以使用分类法来提问，帮助他们快速取得进步。

一个使用分类法来构建提问的简单方法，是打印出分类法每一层级的关键词列表（详见第二章），贴在你的讲台或教室墙上。这样你立刻拥有了一份备忘录，当你提问时可随时参考它。

例如，如果你在上课前没有足够的时间来计划你的问题，你可以在上课时查看关键词列表，并以此作为你提问的基础。这样做不仅会让你更容易提出具有挑战性的问题，还能使你更容易提出与学生当前的知识和理解有关的问题。

另一个好用的方法是坐下来，根据分类法的不同层级（或者你可能更喜欢集中在前三到四个层级），设计一系列与你所教授的主题或年龄段相关的常见问题。你可以把这些问题打印出来，常拿在手中作为你提问的依据。一段时间以后，随着你不断提出这些问题，它们就会深嵌于你的心中。最终，手卡将变得多余，你将能够依靠你的记忆进行提问。

这些策略是我们对使用分类法确保高质量提问的初步尝试。在本章的以下内容中，我们将看到更多我们可以使用的技巧和策略。

■ 问题题干

问题题干是问题的开始部分。它是命令部分，指示我们希望应答者参与的流程。它之后跟随着问题的主题部分，表明了我们希望应答者应用这个主题的内容。问题题干是通用的，可用于多种情况，而主题部分却是具体的，根据学习的主题不同而变化。

这里用一些例子来说明：

什么导致了大萧条？

你将如何描述牛轭湖？

你在多大程度上同意公平比正义更重要？

三个问题的题干分别是：

什么导致了……

你将如何描述……

你在多大程度上同意……

我们可以将这些题干应用于众多具体的情况中。这意味着，如果我们设计了一套构思良好的问题题干，以分类法为基础，我们就可以在大多数情况下使用它们构建出好问题来。

以下是针对分类法每一层级的此类题干选项：

知道类题干

……之后发生了什么？

有多少……？

是谁……？

你能说出……？

描述一下在……发生了什么？

谁对……说了……？

你知道为什么……？

知道……的意思吗？

什么是……？

哪个是对的，哪个是错的？

第八章 促进高质量的提问

理解类题干

你能用自己的语言写……吗?

你能为……写一个简短的提纲吗?

你认为接下来会发生什么……?

你如何看待……?

……的主题思想是什么?

谁是……的主角?

你能区分……吗?

……之间有什么不同?

你能举例说明你要表达的意思吗?

你能为……下一个定义吗?

应用类题干

你知道关于……的另一个例子吗?

这可能发生在……吗?

你能根据特征对……进行分组吗?

如果……你会改变哪些因素?

你能将这些信息应用于……吗?

你会问什么问题?

根据这些信息,你能制定一套关于……的说明吗?

如果你……这条信息对你会有用吗?

分析类题干

哪些事件可能发生?

这和……有何相似之处？

……根本的主题是什么？

如果……可行吗？

为什么……会发生变化？

你能将你的……和……作个比较吗？

你能解释一下当……时肯定发生了什么事吗？

……如何类似于……？

……有哪些问题？

你能区分……吗？

……背后的动机是什么？

……的转折点是什么？

……有什么问题吗？

综合类题干

你能设计……吗？

你能找到解决……的方法吗？

如果你有一套完整的资源，你会如何处理……？

你为什么不想出自己的办法来应对……？

如果……会怎样？

你有多少种方法可以……？

你能为……创造新用途吗？

……的另一种选择是什么？

对于我们怎样……你能给出自己的提议吗？

第八章 促进高质量的提问

评价类题干

有解决……的更好办法吗?

你能评估……的价值吗?

你能为你……的立场辩护吗?

你认为……是好事还是坏事?为什么?

你会如何处理……?

你建议对……做何种改变?

你相信……吗?

如果……你认为如何?

……效果如何?

你认为……怎么样?

这些清单作为一个整体,为我们提供了一个极有价值的起点,尽管它们并不详尽。你可以用它们来发展你自己的提问和题干。有一个问题列表的另一个好处是你可以和学生们分享这些问题。然后,他们可以通过题干想出他们自己的问题,可以向老师、自己或同学提问。

最后要注意的一点是,如果你教的是一门备考课,那么考试委员会设置的问题很可能仅基于与分类法相联系的几个有限的题干。为了加快备考的进程,你可以分析往期的考卷来确定相关题干,将其列出,并在你的课程中经常使用。这使学生熟悉他们可能遇到的问题类型,以及回答这些问题的最佳方式。

■ 定制化的提问

定制化的提问是我们调整和修改我们的提问,使它们更贴合学生的需求。如果我们想有效地提问，在任何时候向所有学生问同样的问题看来是不明智的，因为没有考虑到学生在知识和理解上的差异。

然而，定制化的提问并不容易。首先，我们需要对学生当前的水平有一个相当准确的认识，然后需要理解我们想让学生达到什么目标，最后创造一个问题或一系列问题让我们可以实现这一点。

第一步，理解学生当前的水平，我们需要提出诊断性问题。这样的问题将让我们获得必要的信息，从而理解学生知道什么、不知道什么、能做什么、不能做什么、理解什么、不理解什么。

对此，分类法提供了一个良好的依据。我们可以根据我们认为学生所适合的类别进行提问。例如，我们可能在提出应用类问题之前，先提出一系列理解类问题，并确定在这一层级上学生遇到了什么困难。

根据提问得出的答案，你可以更迅速或更缓慢地沿分类法层级向上走，直至找到对学生构成挑战的那个点。确定这一点后，你就可以以此为目的，调用上述的题干来帮助你形成问题，通过提问推动学生的思维运转，或者帮助他们解锁他们感到困难的内容。

综上所述，定制化的提问的操作流程如下：

- 提醒自己参考分类法
- 向学生提问，问题挑战难度沿分类法层级逐渐提升
- 当遇到学生感到困难的层级时暂停
- 通过针对或围绕这一层级的提问来促进学生思考，帮助学生理解

以这一流程使用分类法，意味着我们不断地将掌握学习和认知过程的概念应用于我们的提问中。这样，我们的提问才与学生的需求和理解紧密相连。这将带来更好的结果和更快速的全面进步。

第八章 促进高质量的提问

■ 构建课程和活动

我们在第六章就提到了将学习目标设定为问题形式的好处。这种技巧能激发学生的求知欲，让学生不断地寻求问题的答案，并为我们提供了一种在课程中判断学习进度的方法。

我们也可以用提问来作为整个课程的框架，并用于设计个别的课程活动。例如，我们可以以问题的形式确定我们的课程标题，然后提出一个学习目标，比如："在课程结束前就这个问题给出一个详细、合理的答案。"从学生进入教室的那一刻起，我们就在持续向他们传达这样一个信息：我们在共同为加深我们的理解而努力。

另一种选择是将子问题作为活动的标题。学生每完成一项任务就要试图回答设置的问题，这让他们常常感到动力十足。对提问的回答成为了活动的目的，而实现这个目的是学生们想要完成的任务。

要在这两种情况下设计具有挑战性的、引人入胜的问题，我们可以求助于分类法。之前我们讨论过如何将一节课分解为一系列独立的活动，且每个活动都基于一个或多个分类层级。

如果我们采用了这种方式，用问题来构建活动就很容易了。我们只需采用已经计划好的活动，提醒自己活动对应的分类法层级，并相应地形成一个问题——也许会用到上文列出的题干。

若要通过提问来构建整个课程，我们可能首先要基于分类法编写一个学习目标和一系列学习结果（前文有过论述），然后将这些浓缩为一个问题。如果学生能有效地回答这个问题，就能展示他们在课程中形成的知识和理解。

最后，值得注意的是，课程的构建可以扩展到整个主题的框架。

这里我们提出一个关于整个主题的全局性问题。为了确保高水平的挑战，问题要基于分类法的最高层级之一。然后，我们再计划一系列独立的问题。如果学生能回答这些问题，就能顺利回答全局性问题。这些独立的问题构成了我们每一堂课的基础。

通过在组织问题时将重心放在分类法较高层级上，以及透过主题问题来规划课程问题，我们形成了一个具有挑战性和探究性的单元教学大纲。我们可以在任何课程或任何年龄层的中期教学计划中使用。

■ 让学生提出和创造问题

这是我们想要的。如果这种情况经常发生，就说明学生们在持续地从批判性、分析性和创造性的角度来思考这个话题。

我们能够提出一个问题，至少说明我们具备部分分析性或创造性。因此，我们鼓励学生提出和设计自己的问题，以此来锻炼自己的能力，追求更深入的理解和更高层次的掌握。

我们可以采用的一个策略是与学生分享基于布卢姆分类法的问题题干，这在上文已有列举。

另一种方法是，让学生预测他们将在课程或单元结束时能够回答的问题，然后在我们的教学过程中再回头来看这些问题。在每个阶段，我们都可以让学生思考，依据他们的学习内容，他们是否继续坚持最初的问题预测，或者他们是否会试图改变这些预测。

一种不太常用但行之有效的方法是计划一次全体活动，将班级分成两组，一组负责设计与学习内容相关的基于综合的提问，另一组负责创造基于评价的提问。然后两组各出一人组成小组。最后，学生们通过轮流提问来测试彼此的知识和理解。

另一种策略操作如下。在一个单元学习结束时，把班级学生平均分组。在黑板上展示布卢姆分类法，以及每个层级提问的题干示例或解释。向学生解释，每组有15分钟的时间来设计一个包含12个问题的测试，用来测试同伴的知识和理解能力。指明分类法每层级需对应两个问题。15分钟的时间一到，小组之间按两人一组分组，交换测验，试着回答同伴提出的问题。以此为基础的一种活动变体，是老师随机选择一组，组内成员向全班同学提问。

我们的最后一个技巧最好在单元学习开始时使用。给学生分发一张纸，上面画有6个方框，每个方框都以一个分类法层级作为标题。关于每一分类层级的意义，可以给学生一些指导、解释或示例。接下来，介绍学习的主题，并请学生在纸张上填写他们预想在完成单元时能够回答的问题。

在每节课开始时，让学生拿出纸张，勾出他们现在已经可以回答的问题，并添加他们构思的任何新问题。

在单元学习结束时，请学生重新审视纸张，检查他们是否能回答所有的问题——学生也可能喜欢和搭档交换纸张，看看是否有他们遗漏的问题。

■ 拓展式提问

我们将在第十章详细探讨拓展和挑战学生的思维。这里，我们可以先简要地思考如何使用分类法来拓展提问。这些提问是课程教学的补充。之所以被称为拓展，是因为目的在于拓宽学生的思维。

因此，当我们设计此类问题时，分类法中最高的三个层级最为常用。它们代表着对学生的最高认知要求，是我们在尝试拓展学生思维时的不二选择。

这里给出三种方法来组织拓展型问题：

- 基于评价和综合，计划一套与你的学科和学生年龄段相关的拓展式提问，这些问题可以在课程的多种情况下反复提出。这类问题可以设计成通用型，也可以是能够适应不同学科的问题题干。不论选择哪一种，你的目标是挑选出一套可供使用的问题，而不需要再做其他额外的功课，这意味着你随时准备好向学生的思维发起挑战。

- 当学生完成一项活动时，给他们一个关键词列表（涉及分析、综合、评价或三个层级兼有）和一些问题示例，让他们创造并回答自己设计的拓展式提问。另一种选择是，如果不止一个学生完成了活动，可以让学生创建拓展型问题后互相提问——由此营造出良好的竞争意识，也意味着这些学生将有机会相互讨论他们的问题和答案。

- 创建一系列你可以应用于所教各个主题的拓展型问题。你可以自己设计，也可以把这项任务作为一个课堂活动，邀请学生来帮助你开发问题（你需要为他们提供与分类法几个最高层级相关的关键词表作为框架）。把每个问题写在一张纸片上，叠起来放在一个鞋盒里（或者类似的容器里）。当学生完成课程的主体活动时，请他们从鞋盒中抽取一个拓展型问题。整个过程营造出一种戏剧性的感觉，将增加学生回答的动力和参与度（你也可以给鞋盒增添一些装饰来进一步活跃气氛！）。

■ 阶梯式提问

阶梯式提问，是基于分类法设计的一种行之有效的活动。通过阶梯式提问，我们向学生提出一系列问题，提问内容沿分类法层级逐渐

上升,并因此越来越具有挑战性。下面是一个例子:

1. 你记得这段视频讲了什么吗?(知道)
2. 你如何解释这部电影的情节?(理解)
3. 如何用电影中的情节来解释现实生活中的情况?(应用)
4. 主角们那样做的动机是什么?(分析)
5. 如果你能重写这部电影,你将会作什么改编?(综合)
6. 你觉得这部电影是否过于伤感了?为什么?(评价)

问题1是最简单的,问题5和问题6是最具挑战性的。框架很清晰:在一系列问题中,每一个问题都比上一个的认知要求高了一步。

你可以把一组这样的问题作为一个单独的活动呈现,让学生们独立作答或组成两人一组来作答。这是一个差异化的教学活动,因为根据学生的知识与理解程度,可以预料到一些学生将比其他人走得更远。

另一个选择是口头提出这样的一系列问题。这意味着我们向学生个别地、两人一组地或以小组形式提出阶梯式问题,以深化知识和理解。接下来的讨论,让我们可以推进学生的思考。如果我们已将分类法烂熟于心,我们就能即兴提出一系列问题,根据与我们交流的学生的需要量身定制。

■ 来回走动,用提问介入

高效的活动为我们在课堂上来回走动提供了机会。在走动时我们可以通过观察、倾听、阅读和讨论,来获取关于学生学习的信息。

而使用这些信息的最好方法之一就是提问,让学生能对课程内容换一种思考方式,或者促使他们以之前可能忽略了的方式思考。

例如,我们可能会在走动时观察到一组学生在试图完成一项小组作业时，因为一个错误的理解，让他们完成这项作业很艰难。此时我们就可以介入，通过提问来揭示为什么这是一个错误的理解。这将引起老师和学生的讨论，在讨论中我们引导学生朝着对信息更准确的理解的方向去思考。

在走动时，布卢姆分类法是我们可以调用的有用工具，原因有三。

首先，在走动期间我们获取有关学生学习的信息时，我们可以应用我们的分类法知识。这样，我们可以快速、轻松地确定学生在通往掌握的轨迹中处于何种位置。例如，我们可能会注意到学生与同伴之间的讨论相当具有分析性，于是我们判断他们的理解处于一个相当高的水平。

其次，当我们对得到的信息进行介入时，我们可以以分类法为依据。所以，沿用上一例，我们可能会向刚才参与分析讨论的学生提问，让他们对课程内容进行更具评价性的思考。这里我们的介入就是基于我们获取的信息和我们已有的分类法知识之间的比对。这使我们能够最大限度地提高介入的有效性。

最后，通过在教室里走动，我们可以对整个班级的情况做出判断，并将我们的观察结果与我们的分类法知识进行比对，与我们的课程计划进行比较，探寻我们的教学在多大程度上取得了我们想要学生达到的进步。如果预期达到，我们会感到高兴，教学有效。如果未达到，我们可以依据分类法回顾我们所得到的信息，并决定如何继续才能达到最好效果。例如，我们可能会决定，最佳选择是让全班同学回到之前一个与分析相关的问题，之前我们认为学生已经掌握，然而并没有。然后，我们将花更多的时间与学生研究这个问题并思考它的意义，再接着尝试继续深入。

■ 从具体到抽象的提问

对于分类法将不同认知过程描述为通往掌握之路的步骤，我们已经非常熟悉。另一种理解方式是，将其视为一个连续体，简单来说，就是从更具体的思考向更抽象的思考过渡的连续体。

知道和理解，有关记忆和解释，涉及有关这个世界的事实信息。应用和分析，是使用我们知道的事实。从这里起我们开始参与相对抽象的认知，因为我们是从自己的理解而不是世界本身出发的。最后，综合和评价，要求我们运用已经相当抽象的思想，进入更抽象的层次。

这就提供了审视分类法的另一种视角。基于这种思路，我们在提问前可以先判断一下，学生将从更具体还是更抽象的课程参与中获益，然后再提出相应的问题。

例如，我们可能会花一些时间和一个正在努力学习的学生交谈。从我们的讨论中，我们发现他抽象思考的能力受到了束缚，而这是因为他无法确定一系列关键概念的含义。于是我们得出这样的结论：向他提出比较具体的问题将最有利于帮助他增进理解。

我并非试图表明这种思路与前文提到的分类法应用有很大不同。它只是对分类法框架结构和应用方式的另一种思考。

一些老师认为从具体到抽象的连续体视角是一个更有用的方法。他们常会强调这更好地反映了学生知识和理解的现实。我这里作此介绍，是考虑到如果你希望使用分类法的话，可以多一种应用方案。

第九章
CHAPTER NINE

有效评估学生的掌握情况

教学评估是本书倒数第二个焦点。我们将考虑应用分类法来达成评估的双重目标：总结学生学习情况所处的位置，并提供他们取得进步所需的信息。两个目标与我们熟悉的两类评估类型相吻合：终结性和形成性。第一类的反映方式是成绩、分数或等级，第二类则是口头或书面评论。第一类是定量的，而第二类是定性的。

■ 评估概述

所有的评估都是人为的。大力神赫拉克勒斯的十二项任务是如此，明年的普通中等教育证书考试亦是如此。尽管人为参与的程度取决于所评估的内容，但不影响评估是人为的事实。

这不是什么问题。"人为"在这里也非用作贬义。其目的是提醒大家注意，所有评估都是以某种目的为依据而非自然产生的。这与课程的内容形成对比。课程内容是自然产生的，形成于人类的思想与经验。

换句话说，我们所教的内容只是反映了一点点人类的知识和理解。

我们如何评估学生对其掌握的程度呢？就是通过人为设计合适的问题或任务，来让我们看到我们在找寻的信息并有渠道提取这些信息。

如果所有的评估都是人为的，那么人为设计的质量就会有所不同。评估会有好坏之分，取决于它们的结构和理念。

正因如此，我们常常会看到，每当考试委员会出的考卷内容与教学大纲的期望大相径庭时，老师和学生都会产生挫败感。

在创建我们自己的评估或者分析他人创建的评估时，我们需要关注评估的质量。在进行此类分析时，应牢记以下几个关键点：

- 此评估是否与相关内容相符合？
- 此评估能否产生供我们准确判断学生知识和理解的信息？
- 此评估是否可供学生使用，能为他们提供展示其知识和理解的空间？
- 此评估是否具有足够的挑战性来区分不同层级的能力？

在创建评估或分析他人创建的评估时考虑这些问题，就是在评估让我们能够判断学生知识与理解的"人为"设计的质量。如果是自己创建的评估，这番思考可供我们调整或修改评估；如果是分析他人的评估，它可以引导我们判断其是否符合目的。

正如我们将在下文中看到的，布卢姆分类法是我们在计划评估时可以使用的一个独特的强大工具。它也是许多其他教育界专家——包括考试委员会的成员们——在构建评估时所应用的。

■ 基本要点

分类法是渐进的，随着层级的上升挑战性也逐级提高。向上攀升意味着对我们所关注内容的掌握程度越来越高。正因如此，分类法可以为评估提供一个通用的框架。

我们可以用它来构建我们为学生设置的问题或任务——无论是像考试一样书面测试形式的正式评估，还是我们在课堂上使用并打分的课堂任务类的非正式评估。

正如前一章所述，我们也可以使用分类法作为提问的基础。口头提问是一种非正式的评估，也是教师最常见的评估形式。每当我们提出问题时，我们都会获得有关学生知识和思考的信息。使用分类法来构建我们的问题能够帮助我们成功评估学生的知识和理解并获取所需信息。

要创建正式或非正式的评估，对学生的相对能力水平进行精确区分，分类法是一个完美的工具。它为我们提供了六个独立的位置点来评估学生的学习情况。这六个位置点可以单独考虑，也可以结合使用。然而不论我们如何应用它，目的一致：创建对学生提出一系列认知要求的评估，从而使我们有机会获取不同类型的信息。

例如，大多数试卷都会包含一系列越来越具有挑战性的问题。这些通常从分类法的较低层级开始，然后向更高层级方向发展。参加考试的学生都将回答相同的问题。有些人会比其他人完成得更出色，于是将得到不同的答卷，其中涵盖了各种信息。通过将这些信息与评分标准进行比较，我们可以区分学生。例如，学生A得分为55，其中大部分分数是回答考卷前半部分基于知识、理解和应用的题目获得的，而学生B得分为92，不仅答对了学生A得分的题目，还在后面的分析、综合和评价类题目上得分。

由这个例子我们可以看到许多评估，特别是正式评估，都是对掌握情况的测试。根据一组标准来评估学生，以此决定某一领域学生展现出的认知能力程度。当且仅当以分类法作为评估题目的框架基础时，学生答对的题目越多，意味着他们展示出的掌握情况就越好。

由此引出几个要点。首先，在理想情况下，评估将覆盖分类法所有层级，让学生有机会通过展示对不同层次的有效认知来获得分数。其次，分数的权重需要反映出区分的需要，也要能够拉开区分的幅度。

如果为知识和理解类题目赋予很高比例的分数，而只有一小部分被分配给评价和综合类，那么想要将学生区分开来就很困难。那些能力更强的学生将没有机会因其更高的掌握程度而获得奖励。

同样，如果情况相反，只有少数几分给了知识和理解类，而大部分配给评价和综合类，那些能力较差的学生就他们有限掌握的内容将难以获得任何奖励。

正因如此，众多考试委员会都会确定一系列基于布卢姆分类法的评估目标，然后在考题中平均赋分，保持试卷整体从简单目标向复杂目标的平衡过渡。

顺便说一句，以上要点暴露出终结性评估的一个内在问题，即人们常常争论的"标准下降"和"成绩膨胀[①]"。

■ 课内评估

我们现在转向评估学生知识和理解的实用策略。你可以通过以下三种方式使用分类法来进行有效的课堂评估：

- 课堂中期复习活动，带领学生回顾分类法中两至三个层级的学习内容。这将帮助你确定他们理解课程内容的程度。然后，你可以利

[①] 指给予更高分数的趋势，而对于同样的表现在过去给的分数更低。——编者注

用此信息来调整这节课的剩余部分，以便最适合学生目前的掌握情况。

例如，在一节议论文写作课上，我们可能会在课程进行一半时带入一段回顾，要求学生回忆到目前为止的课程要点，向搭档解释这些要点，再提供两个应用它们的例子。通过这种做法，我们就在评估学生的知识、理解和应用能力。

我们通过此评估获得的信息对于帮助我们塑造下一步的教学至关重要。比如说，我们可能会发现，对于某些技能，全班都能够熟练应用，但是当涉及其他技能时，掌握的总体水平却相当不均衡。那么我们可以在这节课的后半部分通过重新学习这些技能来解决这一问题。

- 计划一节课的结束活动，让学生有机会重新回顾和巩固所学内容，同时也给你机会获得有关学生掌握情况的有用信息。例如，你可以设计一个包含两部分的全班活动，分别涉及理解和综合两部分，这样就可以获取学生对课程内容的具体理解和抽象理解两部分信息。然后，你可以使用这些信息来指导接下来的教学计划，使其更有效地推进。

- 设计一些小型评估，作为活动之间的关卡。这使你有机会在尝试全班进行至下一任务之前评估学生的掌握情况。例如，你可能会在第一项活动之后提出一系列理解类问题，在第二项活动后基于一个常见的误解提出分析类问题，然后在第三项活动和课程收尾之间要求学生做出评价类总结。

这种方式有双重好处。首先，你获取了可用于调整和改动课程的信息。其次，根据你获取的信息，你可以决定是否推进至下一个课堂活动，是否减慢推进速度并再次回顾刚才的学习内容，又或者，你可以将班级分成两组，让一组进行下一活动，而花时间与另一组回顾内容，以便加快接下来的学习速度。

第九章　有效评估学生的掌握情况

■ 提问型评估

主要有三种评估方式：提问、任务或产出。我们将依次探讨，先从提问开始。

提问在上一章已有详细阐述。使用提问作为评估方式有以下几个要点，需要你注意。

1. 在进行提问型评估时，很重要的一点是要考虑这些问题可能带来的信息。封闭式问题提供的信息少于开放式问题。但是，前者可能更具针对性，是检查学生记忆的好方法。

基于分类法最高几个层级的更高要求的提问可能需要"解码"。如果你没有向学生展示如何操作，他们可能很难回答这些提问，或者可能以不同于你预期的方式回答。教会学生如何"解码"那些与分析、综合和评价相关的提问，将为他们提供解锁更具挑战性的问题的工具。

2. 书面问题可以由一系列要点组成，这些要点就是学生应在回答中思考的地方。这种方式在各种普通中等教育证书考试中十分常见。

这里，我们的目的是将一个复杂问题细分，通过暗示回答应遵循的架构来帮助学生构建他们的答案。以分类法视角来看，我们会设计一个复杂的问题来测试学生对不同层级的掌握程度，然后将其分解为三个要点，第一个关注理解能力，第二个关注分析能力，第三个关注评价能力。

一些人认为用这种方法让学生答题太容易了，不再需要他们剖析问题。也有人认为提供一个架构意味着学生有更充分的机会展示他们所知道和理解的内容，并且这样做会消除可能存在的歧义。至于是否要采用这种方法，留给你来决定吧。

3. 正如我们在第三、四、五章中所指出的，分类法的每个层级都可以细分为不同的认知过程，这些过程虽然在核心上保留了相似性，却都略有不同。因此，评价包含了评估、判断、排名和批判，这四个过程都依赖于类似的心理操作，但也存在着很大的差异，以至于需要用不同的词语来表达它们。

这样导致的一个有趣的结果是，在计划提问型评估时，你可能会就分类法的某一个层级为学生提供一系列可供选择的问题，学生可以从中选择一个（或两个或三个）进行回答。就像许多考试评估一样，学生必须从一组类似的问题中选择回答。

这种方法的优点在于它为学生提供了不同的机会来展示他们的掌握情况。

■ 任务型评估

在任务型评估中，我们以希望学生完成的任务为出发点。它可以是完成一个项目、回答一组问题或在特定背景下展示自己的理解。任务与提问和产出均有所重叠——在许多情况下，我们设计的评估将把这三类都涵盖其中。然而，如果对每一类都分别加以考虑，我们将比混为一谈看得更清晰一些。为此，在设计任务型评估时需要考虑以下三点：

- 考虑你的任务在多大程度上给予学生机会来展示他们对学习内容的各种掌握程度。这让我们回到了之前的观点，即评估是否提供了足够的空间来充分区分不同的能力水平。

为了确保你设置的任务范围足够广泛，请坐下来考虑一下，根据任务的要求，能力较强和能力较弱的学生能够给出的回答之间的差距。

出于这样的考虑，你可以对可能的回答进行比较，进而判断是否存在足够的任务空间。如果存在，则不同回答之间将拉开明显差距，显示出大相径庭的掌握程度。如果没有，那么答案将会过于接近，使评估无法满足你的需求。

- 构建任务型评估的一种常用方法是陈述总体任务，然后提供一系列成功标准，帮助学生了解他们成功完成任务所需完成的各种内容。

你可以将这些成功标准与分类法的不同层级联系起来。这意味着，当学生达到一条标准时，他们也在沿分类法层级向上又进一级，展示出他们在每个阶段的掌握情况。

这有助于你获得有关学生知识和理解的广泛信息。它还可以确保你的评估是差异化的，因为不同的学生将受到不同成功标准的挑战。比如说，一名学生可能迅速地达到了前四条标准，而后必须很努力才能达到第五条，而另一名学生可能会花费整个任务时间来达到第一、第二和第三条标准。

- 使用分类法构建任务型评估的最简单的方法是参考第二章一开始列出的关键词。在关键词清单中选择符合你要创建的评估类型的词汇，并相应地形成任务。

例如，我们在教学一个关于"维京人"的单元，在单元结束时，可以浏览分析类关键词来构建评估：

分析、评价、分类、比较、对比、区别、鉴别、辨别、检验、实验、探索、调查、提问、研究、测试。

纵览这些关键词，我们认为比较和对比是我们想要了解的关键分析领域。以此出发，我们开始思考一项任务并最终确定了这样的任务：创建一个指南，比较和对比维京人的生活与我们今天生活的异同。

如前所述，这里我们会看到产出和任务相互融合。尽管如此，在构建这项评估时，任务是重点。下一步是确定成功标准，并为学生提供指导纲要，其中涵盖我们想让学生知道的维京人生活的不同领域。

■ 产出型评估

第三类也是最后一类评估我们将基于课程产出。这里我们从希望学生创造的产出角度出发来设计评估。这可能导致我们用某个问题构建评估——或者是从一系列问题出发。又或者，我们会要求学生完成某些任务。但不管怎样，通过将我们希望学生创建的产出作为评估核心，可以收获与上述其他两种方法相较而言不同的好处。

采用产出型评估的三大好处是：

- 如果我们正在教授的科目涉及很多实践元素，那么创建某种类型的产出是学生展示掌握情况的最好渠道。这通常适用于艺术、设计和技术、体育等科目，当然也和科学和数学部分相关。

在这些情况下，从产出出发设计评估是合情合理的。通过这样做，我们强化了实践的核心位置，并且我们也可以构建产出的过程，鼓励学生调用各种认知过程。如此一来，我们给了学生充分的机会向我们展示他们在知识和理解方面的掌握。

- 如果我们在最终采用的正式评估里要求学生创建某种类型的产出，那么在此之前的评估中就有必要反映出这一点。例如，如果我们教授历史，而论文写作是学生在该课程结束时的考试形式，那我们在课堂评估中就可以常常使用论文形式。

许多老师都是这样操作的。这条构建思路顺理成章。而通过将分类法不同层级应用其中，产出型评估的益处将大大增强。继续我们的例子，我们可以为学生提供指导纲要或自我评估模板，列出他们需要在论文完成过程中做些什么来展示自己的理解、有效分析和熟练的评价能力。这有助于学生写出更好的论文，更接近成功标准和实现掌握。这一点可以应用于几乎任何产出类型。

- 不同的产出对应不同的认知要求。学生如果要创造某类产出，就有需要重点关注的方面。

论文写作与报道写作的过程就不同。虽然两者存在重叠，但也有完全不同的方面。这意味着你评估的基础——产出，很大程度上决定了学生使用的认知过程类型。于是有接下来两点。

首先，随着时间的推移，为评估目的而调整对学生的产出要求是有益的。这可以帮助我们深入了解他们知识和理解的不同领域。其次，对于有些科目来说，有一些产出类型更适合。这种情况下如果刻意回避这类产出就不合常理了，不仅会降低我们评估的效率，导致我们获得的信息量减少，而且获得的信息也没那么有用。

■ 制定评分标准

设计好了一个测试学生掌握情况的评估之后，我们还需要制定一个评分标准来完成评估。这是我们判断学生学习成果的标准。评分使我们能够确定学生的思维达到了何种掌握程度，以及他们需要做些什么才能继续推进这种思维。此外，我们也可以让学生自己使用评分标准——无论是他们正在进行评估时，还是在进行同伴或自我评估时。

制定评分标准有许多种选择，每一种都以不同的方式将分类法运用其中。

1. 我们可以对掌握进行定义，即什么样才算是达到了掌握。这可以有两种方式。我们想象它会是什么表现，这种情况下我们会在脑海中形成一种清晰的形象；或者我们使用一些外在的体现——例如一个作业的范本——作为我们定义的基础。

无论我们选择哪一种，下一步就是将此定义分解为一系列独立的元素。这种分解将大致反映出分类法的层级区分。我们会以如下思路问自己："学生在知识方面需要先做什么？然后，他们将如何在此基础上展示理解？"

通过这种方法，我们发现自己有一个明确定义的终点，它代表了评分标准的最高点；也拥有了一系列体现分类法的步骤，它们代表了评分标准中的各种不同元素；这些元素为最终成功掌握状态下创造的产出铺平了道路、奠定了基石。

有了这些信息，我们可以快速有效地充实我们的"骨架"，明确指导学生在每个层级需要做什么才能获得满分，并且最终展示对该主题的掌握。

2. 采用分类法里的六个层级作为评分标准的六个独立部分的基础。根据分类法的顺序对这六个部分的评分标准进行排序，以遵循逐步掌握的轨迹。

这提供了一个通用的评分标准，可以作为更精确标准的起点。下一步，是从知识类开始，仔细说明学生需要能够回忆什么内容才能获得满分。然后，同样地，继续说明理解的内容。重复此操作，直到完成所有分类法层级。

这样操作的结果将是获得一组严格参照分类法构建的标准。一级一级地确定必要的内容，这一过程有助于你清楚地了解你找寻的目标，也使你在与学生沟通这些标准时更加得心应手。

3. 区别于以分类法六层级为起点的另一种选择，是我们在第三、四、五章中提及的三对组合，也就是：

知道与理解

应用与分析

综合与评价

如果你认为六级评分标准过于烦琐，那么这是一个很好的选择。我们不将每个层级的认知过程视为孤立而独特的部分，而是在某种程度上承认思维的相互交织性，相应地将相邻层级捆绑在一起。

这给我们留下了一个规模较小的评分标准。我们有三条主线，每条都比前一条要求更高。我们可以按照前一点中概述的相同流程，用与课程相关的具体示例充实框架。这将很快形成一套评分标准，通过它可以快速有效地判断学生的掌握情况。

这里唯一需要注意的是，虽然我们通过减少层级数量获得了更大程度的简易性，但这确实意味着这三个层级会稍微复杂一些（因为它们组合了不同的过程）。因此，用特定的例子充实它们的要求稍高。这虽不是大问题，但预先提醒才能有备无患。

4. 样例对学生来说往往是非常有帮助的模式。它明确地提供了成功的模样，以具体形式对抽象概念进行语境化。学生可以观察样例，分析它，比较他们看到的和评估的要求，并模仿或复制他们认同的观点，以此作为成功创作自己作品的起点。

你可以从样例出发构建有效的评分标准。区别于简单地对掌握进行定义（正如上面第一点所述），你可以创造出掌握学习的范例！也就是说，创建一个在你看来完全达到你评估要求的样例。

你可以用这个样例供学生参考。你也可以将它作为评分标准的起点。只需确定你的样例中的不同的元素，运用分类法分析完成这个样例需要哪些不同的认知过程。

在这个例子中，你的大部分时间将用于创建样例，分析反而不会花费很长时间。这是因为，通过创建样例，你已经做了很多必要的思考来定义成功的模样。

5. 我们最后的选择是最简单的选择。如果你教授的是一门备考课程，请直接复制考试委员会提供的评分标准。正如我们已经提到的，这些标准总是基于分类法设定的，虽然你可能希望根据自己创建的评估对其进行调整，但你不会希望偏离考试委员会所设定的范围太远，因为这样做可能会导致学生对成功的表现产生错误的认知。

使用考试委员会的评分标准也有两种选择方式。第一种，你可以逐字复制，构建评估，以反映期末考试的评估风格。在这种情况下，你只需要替换评分标准中包含的内容，使其与你的评估相匹配。

第二种，通过使用其结构和总体原则来应用评分标准，但予以修改，从而使它们更适合你构建的具体评估。这种方法提供了更多自主权，但也更耗时间。

第十章
CHAPTER TEN

拓展与挑战学生的思维

在对布卢姆分类法以及如何在课堂上使用它的论述的结尾,我们转向拓展与挑战的领域。到目前为止,我们已经对这两个概念有了大致的了解。在此之前,我们已经指出了使用分类法来进行课程计划、设计活动和提问可以如何帮助你推动学生的思维和提高他们的成绩。在本章中,我们将研究一些具体的策略、活动和技巧来帮助你达到这些目标。

下面讨论的内容可以用来拓展和挑战你的那些能力更强的学生,或者作为一种方法来拓展和挑战所有的学生。本章列举的所有内容都可以应用于以上任意一种情况。

■ 以挑战为补充

首先,让我们重新定义挑战,这样我们可以从两方面来看待它。第一,挑战是任何课程的一个组成部分,渗透于我们的计划和教学中。第二,挑战是对课程的补充——是我们附加的内容,一个额外的元素,

第十章 拓展与挑战学生的思维

旨在引导学生更深入地思考和学习。

在本书其他部分的论述中,我们主要关注第一种意义上的挑战。我们将分类法看作是掌握学习的一种途径,考虑如何将其应用到我们的课程计划中,以及如何将其应用到活动和提问中。

而在本章中,我们关注第二种意义:作为补充的挑战。我们将探讨如何使用分类法为本已具有挑战性的课程添加更多内容。我们增加的内容主要是为了拓展和挑战能力更强的学生的思维。

然而,这些挑战也会对所有的学生开放。若将挑战设置为少数人的专属,那会大大降低它潜在的应用范围。虽然我们并非假设所有的学生都能获得并完成我们计划的所有补充内容,但重点是要记住这样一个观点:尽管这些补充主要针对能力更强的学生,但每个学生都可能从中受益。

例如,我们可能会计划一些拓展活动,而能力更强的学生往往会定期参加这些活动。此外,我们也可以把这些作为一个挑战来推动中等能力的学生。于是我们会在主要活动的过程中走动,将学生的注意力吸引到拓展任务上,并挑战他们去完成这些任务,即使他们之前没有考虑过这样的目标。

这种方式意味着我们把挑战的补充部分视为一种工具,用来激励所有的学生更加努力地学习与思考。

另一点需要注意的是,尽管这些补充部分似乎是为更有能力的学生设计的,但你完全可以对它们进行调整修改,以供其他学生使用。甚至可以创建两到三个独立的挑战,每一个都针对班级中不同的群体。

简言之,接下来阐述的想法将帮助你应用分类法来拓展和挑战最有能力的学生的思维。你还可以通过对其调整或修改来挑战其他同学。

选择权在你的手中！

■ 拓展任务与提问

拓展任务与提问是班级全体活动的附加部分。在优秀的课程中很可能每个阶段都有这么一部分——从一堂课的预备活动到结尾活动。这意味着，在整个课程中，班上的每个学生都将知道，一旦他们开始投入本次学习，将有更具挑战性的任务在等着他们。

一个潜在的隐患是拓展任务与提问的创建，学生会认为这些任务与提问只是在原本课程内容的基础上增加了一些同样的内容。这听起来让人动力全无。学生会觉得挑战是重复已经做过的事情，只是方式或内容略有不同。

避免这种情况是必要的，挑战任务应该是趣味横生且具吸引力的。毕竟，我们希望促进一种对学习的热爱，所以这无疑应该让学生的思维受到挑战，并通过这种挑战，将他们对学习的热爱推向新的高度。

这里提供三种简单的操作方法，都涉及分类法的使用：

- 我们可以使用一个与课程主体活动所基于层级不同的另一个层级来创建拓展提问。例如，我们可以计划一个课程主体活动，主要基于分析，并补充一个基于评价的拓展提问。这确保了挑战基于一个不同的认知过程，而不仅仅是要求学生重复更多同样的事情。
- 如果你的活动对学生的要求已经表明其基于分类法的最顶端层级，那么你可以计划在不同层级上进行具有相似挑战性的拓展。这又回到了我们之前提到的综合与评价的可互换性。所以，如果你有一个基于评价的主体活动，那就基于综合来计划一个补充活动，反之亦然。
- 如果前面两个方法都不好操作，那么返回到分类法的关键词列表，确定一个与驱动主体活动不同的关键词，将它作为拓展的基础。例如，如果你的主要任务是评价类，以评估的形式展开，你就可以设计一个基于辩护或排名的拓展活动。虽然这一方法中跟课程主体活动的区分不如前两种方法，但它仍能产生足够的差异，让学生不会觉得他们只是被要求做更多同样的事情。

■ 项目任务

项目任务是指我们给学生一个需独立完成的任务，让他们按照自己认为合适的方式完成，通常需要较长一段时间。作为挑战补充的一种，它可以是学生在每一次完成全班主体活动之后都需要回归的项目。

例如，我们可能会为六年级学生中最优秀的几位设计一个项目，项目中他们必须为他们选择的主题制作一份详细的指南，同时我们也会提供一系列旨在让他们专注于高质量产出的成功标准。

在这种情况下，这些最有能力的学生在完成每一项主体活动后，就会回到他们的项目工作中，拓宽他们的思维。随着时间的推移，他们会创作出拓展于课堂内容之外的作品，作品会反映出他们对自己所选择的话题的兴趣。

项目任务具有开放性、独立性，一般情况下也具有主题性。因为它要求学生对一个特定的主题或领域进行详细而深入的思考，所以它必然会促进分析性、创造性和批判性思维，符合分类法的最高三个层级。此外，如果我们把这样的任务交给能力最强的学生，让他们自由选择学习什么和如何学习，他们自然会倾向于参与到较高层级的信息和想法中。

原因有二。首先，项目任务的独立性和开放性激励人心。学生在受到鼓舞的情况下更有可能突破自己的思维极限、追求挑战。其次，如果学生的思维仍然停留在一个非常具体的层级，这个项目便缺乏意义。这可能仅是一个起点，但如果他们真的想牢牢掌握这个项目内容，就必须在这个具体层级上再有所推进。既然学生已经被赋予了项目的选择权和所有权，他们便很可能想要这样做。

在为构建项目任务提供成功标准时，分类法总是值得参考的。因为这意味着你可以确保引导学生对所讨论的材料进行越来越深入的思考。

一个简单的方法是提供五个成功标准，分别基于理解、应用、分析、综合与评价。另一种选择是将这五种标准结合为三种（同时保持对更高层级的偏向），有些学生觉得第二种更易管理。

最后要注意的一点是，很多项目任务在本质上都具有创造性。这是因为它给学生设定了一个总体任务，并要求他们选择如何最出色地完成这个挑战。正如我们所知，创造性思维以综合的形式接近于分类法的顶端。这是我们使用项目任务拓展和挑战学生思维的另一个原因。

■ 独立创新

让我们继续创造性这个主题，转向独立创新的概念。我们可能会说，这是艺术家、音乐家、科学家和作家等各自领域的佼佼者的特征。它反映了这样一个事实，即这些个人已经达到了一种境界：他们发展的目标由他们自己塑造。他们已经达到了精通状态，并超越了它。

例如，像亨利·马蒂斯（Henri Matisse）这样的艺术家，他的名声和地位不仅来自他对技巧的精通，也来自他运用这种精通来探索和发展新形式和表现的行为。

因此，独立创新在我们的社会中受到高度重视，同时也具有高度

第十章 拓展与挑战学生的思维

的挑战性。

我们可以在课程的补充部分通过这种方式来鼓励我们最有能力的学生探索这种独立创新。这里提供三种方法：

- 使用综合类关键词构建任务或提问，让学生根据自身情况发挥创造性。这是超出之前项目任务和拓展任务的一步。在这里，我们的目标是有意识地培养一种自主性和无结构性（而在之前的两个例子中我们的目标是在一定结构下培养自主性）。例如，我们可以要求学生创造、设计或计划一些新的事物，或者我们可以让他们尝试解决一个问题，提出一个替代方案，或者勾勒出一种不同的处理方式。

- 鼓励学生创造性地参与课程内容，但也要坦然面对失败。这就回到了之前反复试验和错误的观点，以及来自反复失败与分析的反馈循环。为此，你应该再次将综合类关键词作为构建任务或提问的起点。除此之外，你还应该向学生们解释，成功并非以他们创造的成品来衡量，而是用他们遭遇失败的次数以及他们从每一次失败中学到了什么来衡量。通过这种方式，我们将学生的期望进行颠覆重塑，激发全新的、更具挑战性的思维方式，一种基于独立创新的思维方式。

- 摆脱枷锁。在全体活动中，与能力更强的学生合作，快速评估他们是否已经掌握了主要思想，然后给他们自主权去选择他们感兴趣的学习方向。带领他们进行一个简短的讨论，讨论这些想法或信息可能意味着什么，可能导致什么，以及它们如何与其他知识领域相联系。鼓励学生通过讨论得出某种形式的结论——一个可以激发他们思考的问题、任务或困难——然后让他们自己顺着这条路继续走下去。

■ 批判性与创造性思维技巧

我们可以通过聚焦批判性与创造性思维技巧的挑战性补充活动来直接提高学生的批判性与创造性思维能力。一个显而易见的方法就是使用基于分类法最高三级而定制的问题（如第八章中所述）。另外提供四个你可能愿意尝试的好点子：

- 要求学生在课程内容和教学大纲的其他领域之间建立和解释联系，包括那些乍一看几乎无法与当前主题联系起来的领域。建立联系需要横向思维，而横向思维本身就具有创造性。

你可以通过向学生示范如何建立联系来帮助他们构建这种思维。例如，你可能会演示如何寻找不同类型或类别之间的相似点，正如我们在历史解释和设计方案之间发现联系一样。两者都属于创造性思维的范畴，利用已知的信息和已有的技能来解决我们面临的问题。

- 为学生提供一套不管遇到任何信息或概念都可以在各种情况下使用的批判性问题。问题的性质会因你的科目而异，但重点是提出3—5个你可以挑战学生不断应用的问题。这样，当学生将这些问题以及问题所促进的思维方式内化时，他们的批判性思维能力也得到了发展。

- 挑战学生用"如果……会怎样"的问句进行推测，这是综合类提问的另一个例子。这里的重点是针对题干给出的条件假设，做出可能正确的回答。学生的推测是否是基于证据，你可以改变对此的强调程度，来控制学生的思考。你对证据的标准设置得越高，你对学生创造性思维的控制力就越强。

- 当学生们忙于一项任务时，你在教室里四处走动，给能力更强的学生设定一个目标，让他们可以评估自己到目前为止的学习情况。

这个目标可以是一个问题（你能做什么来让你的作品更准确）或者一个陈述（观察你使用的修辞技巧，评估它将对读者产生的影响）。不管怎样，目标都能帮助学生批判性地看待自己的学习，让他们专注于实时的自我评估。几分钟后回到学生身边，与他们讨论他们发现了什么，从而提高这种方法的有效性。

■ 创造性试错

刚才当我们谈及独立创新的时候我们提到过创造性试验和错误。现在，我们将更深入地研究这个想法，探讨不同的方式来鼓励更有能力的学生拥抱创造性试错。

创造性试验和错误包括尝试一些事情，犯一些错误，然后检查这些错误所产生的信息。这些信息包括发生何事、何处出错、错误与试验之间的联系以及再次试验的结果。

当我们谈论信息时，我们谈论的是那些即刻获取的（和通过观察或经历失败而立即看到或听到的）以及通过随后的分析和反思而得到的信息。这两种类型都很重要。缺失任何一个都会影响到创造性的成功发展。

这里提供三种可以让学生进行创造性的试验和错误的方法：

- 挑战更有能力的学生去解决更难的问题。解决的办法可能更复杂，需要更高程度的知识和理解，或者刚刚超出学生目前的能力范围。在各种情况下，都需要创造性的试验和错误来解决问题。

你应当鼓励学生看到这个过程——试验想法和评估结果——比他们的目标（解决问题）更重要。这是因为这个过程不仅可以演变和应用于其他环境，还揭示了问题的本质以及学生当前知识和理解的掌握程度。由这个过程引出的是持续的学习，而不是有效解决问题的终点。

- 给学生一个不同于他们所习惯的起点，并挑战他们从此出发去完成一个任务或解决一个问题。例如，一个能力较强的学生可能已经磨砺出一种相当完善的议论文的写作技巧。让我们想象一下，他确定了一个段落计划，写了下来，然后准备开始写作。

那么在这项议论文写作活动的开始，你要走上前去，给他设置一个不同的起点供他进行尝试。例如，你会告诉他，需要先写出结论，再写出最后一段，然后是倒数第二段，以此类推，直到写到引言。这对他来说很难！他将不得不比以往更深入地思考。在此活动中创造性试错的过程将会大量出现。结果是，他会更好地理解议论文写作的过程，以及如何将知识应用到最终作品的构建中。很有可能，他会在以后的任务中回归他原来的写作技巧，但创造性试错过程中获得的信息将会对他原来的技巧有所增益。

- 当学生完成一项作业后，让他们回顾一遍，找出另外三个可替换的决策。这实施于一个规模较大的作业时，效果将更好。若规模较小，不太可能有足够的内容让学生选择足够的备选决策点。

当学生有了他们的备选决策点后，挑战他们选择其中一个，根据他们可能做出的不同决定重新完成这部分工作。这涉及他们测试一个以前被拒绝的选项并判断结果。

这种方法的一大好处是，它赋予学生对创造的过程有一个分析性的洞察力。回顾和检查为完成一项工作而做出的决定，意味着仔细观察创作过程——比你通常所做的要仔细得多。这将使学生获取其他情况下无法得到的信息；之后基于备选决策，重新完成这一工作也是如此。总的来说，这种方法可以帮助学生更好地理解如何成功地创造产品，并让他们了解不同的选择将如何导致完全不同的结果。

■ 定期评价：让学生证明他们的观点

作为你努力拓展和挑战学生思维的一部分，你应该定期在课程中加入评价的环节，这意味你一直在激励学生达到分类法的最高层级。

评价可以包含在以下几种形式中：拓展问题和任务、定制化的问题、构成主要活动的子任务以及你计划的目标和结果。

当然还有另一种方法可以利用评价，即把它作为一个补充。它比本章提到的任何方法都更容易应用到整个课堂。

简言之，当我们的学生对一个问题给出答案或提出一项要求时，我们总是可以期望他们给出他们的证明理由。

证明是我们捍卫和支持所断言的事物的手段。论证有赖于说服，而证明就是说服的主要方法。证明的主要形式是理由、证据和例子。理由是对给定前提的逻辑证明。证据是我们调用现存的或已知的信息来支持我们的断言。例子可以是我们断言的抽象或具体的证明。有时它们与证据重叠，有时则不尽相同。

你可以通过不断要求学生提供理由、证据和/或例子支持他们的观点。当学生回答问题时，当你让他们参与讨论时，当你为他们的作业打分时，都可以如此进行。在每一种情况下，你都要清楚地表明，给出的答案或回应只有在有充分证明的情况下才符合你的标准。

为了帮助学生实现这一点，你应该提供清晰的证明模型——包括与理由、证据和例子这三个关键类别相关的具体示例。

如果使用这种方法来挑战你最优秀的学生，你应当期待从他们那里得到比其他学生更充分的证明。你也可以期待他们的证明会更加详尽和细致。例如，你可以在一个活动的过程中和一个能力较强的学生讨论一个问题，然后推动他们去充分证明他们建议的答案是正确的。作为证明的一部分，你可以选择这三种证明方式中的一个进行磨炼——比如说证据——让学生的注意力更精准地集中于此。

另一种选择是，为更有能力的学生设定额外的衡量他们证明水平的成功标准，可以根据任务的性质以口头或书面的形式表现。标准可以是一般性的，也可以类似于前一段所述具体到三种证明方式之一。

不断地督促你的学生提供更详尽与细致的证明会使他们更快、更具批判性地参与到你所教授的话题中。这有助于提高学生的元认知程度——即他们对你要求他们思考内容的再思考。

■ 精炼判断

这是对前一点的进一步发展，但方法又和前一点完全不同，需要一个全新的切入点。请考虑下列判断：

- 金凤花姑娘应该得到一定程度的谅解，因为当你很饿的时候你很难抗拒粥的诱惑。
- 金凤花姑娘应该得到一定程度的谅解，因为当你很饿的时候你很难抗拒粥的诱惑。然而这种谅解应当是有限的，因为金凤花姑娘需要理解可接受行为的界限。如果她不理解，未来她将面临更严重的后果。

第二条判断比第一条更加精确。所谓精炼，指的是对话题进行了更详细的思考。这种更详细的思考将得出更加成熟的最终产出。

如果我们精炼某样事物，我们对它进行改进、提纯或两者兼而有之。就判断而言，判断的改进建立在对判断对象更深入的前期挖掘之上。向你呈现精确判断的学生，会比一个给你粗略判断的学生做更多的智力工作。

那么，在课堂中，精炼判断是如何发挥作用的呢？

我们可以向能力更强的学生表明，我们不接受他们做出未经精炼的判断——无论是口头还是书面形式。为了帮助他们达到标准，我们可以提供一组范例问题或思维示范，以便在他们做出判断时加以应用。通过反复应用，他们很快就会提升他们的思维质量。

例如，我们可能会向那些在高中社会学课程上表现更好的学生提出以下问题：

- 我的判断假设了什么？是否应该做出如此假设？
- 我的判断是否太过宽泛？我是否做出了超出我能判断的论述？
- 我的判断是否考虑到了我有异议的论点？如果没有，是否应该考虑到？

这些问题将帮助学生做出更精确的判断。如果他们反复应用这些问题——每当他们评估一个社会学观点、理论或研究时——他们将不断提高自己的评估能力。随着时间的推移，我们可能会用更具挑战性的问题来代替以上问题——或者邀请学生提出自己的问题。

和以往一样，你可以把这一想法应用到教学的各个方面，只要调整你提供的问题或模型以适应你所教的年龄组和科目。

■ 为不支持方辩护

我们都倾向于就我们深信不移的立场做出判断。对我们所有人来说——包括学生在内——将判断与自己的偏见联系起来是一种普遍的习惯。

为我们不支持的一方——我们不同意的立场，或我们未见大量证据的立场——辩护是具有挑战性的。这里提供五种方法来利用这一点拓展学生的思维：

- 当一个能力较强的学生完成了一份包含评估的工作，通读他们所做的内容，并挑战他们去有效证明一个相对立的立场。
- 随机分配论点给班里能力较强的学生，并坚持让他们找到办法来证明被分配内容的合理性。
- 准备一系列与主题相关的反方立场观点，分别写在不同的纸条上，折叠后放入杯中。邀请能力较强的学生随机选择一张纸条。然后他们必须证明他们所选立场的合理性。
- 让能力更强的学生以他人视角为自己不认同的立场进行辩护。例如，如果一个学生不认同化石燃料可以无差别地任意使用，那就请他思考一下，一家跨国石油公司的高管将会如何反驳他的观点。
- 鼓励学生就他们已知不真实的事情进行辩论。例如，你可能会让学生们争辩黑其实就是白，或者小红帽其实并没有被大灰狼吃掉。这里纯粹是为了训练论证技巧，不为其他。

在此，我们的讨论接近尾声。总结一下，使用布卢姆分类法来拓展和挑战学生的思维，通常意味着，基于分类法的较高层级开发教学补充内容，并将其作为所教课程的一部分经常使用。最后，我们还需为全书的讨论得出结论，这是我们将在下一部分呈现的内容。

结 语
CONCLUSION

现在，我们介绍了布卢姆分类法的所有奇妙：利用知道、理解、应用、分析、综合、评价作为新的教学想法和技巧的基础。

就我个人而言，我坚信分类法是教师武器库中最被低估的工具。正如我们所见，它可以应用于多种领域，在任何时候都可以作为一个框架，通过它来提高学生成绩，拓展和挑战学生的思维，帮助他们在通向掌握之路上勇往直前。

它为课程、活动、提问、评估、挑战、学习结果和目标都奠定了完美的基础。它的灵活适应性使其可以塑造适合任何科目和几乎任何年龄的课程。

分类法的功效，从它自创建以来半个多世纪在教学中的持续使用——以及其在许多教育领域的核心角色——可以看出。

鉴于分类法对人类基本不变的思维结构的反映原理，我相信在未来几十年里它的用处仍将很大。我希望，通过这本书和书中所包含的观点，能够向你们传达我对这一构架的热情，并为你们提供许多实用的策略，供你们在自己的课程计划、教学和评估中使用。

最后，祝你们好运。无论你们身处何方，教授什么课程，我为你们将分类法运用于课堂时付出的心血和努力祝福。我相信，你们的学生终将因此受益匪浅。

附录一

针对理解的提问

识别

什么能帮助你识别X？

要成功地识别X，你需要知道什么？

你需要知道什么来识别X的特定类型？

当你试图识别X时，你可能会遇到何种误导？

对于一个试图识别X的新手，你能想象他遇到什么问题？他将如何避免或克服这些问题？

如何通过观察差异来识别X？

你认为X应与什么相配？

你会用什么词语来描写X？

两个素未谋面的陌生人如何可能将同一事物识别为X？

想象你失去了一/两/三/四种感官。是哪一种/几种感官让你有可能识别X？为什么？

怎样才能使X不可识别呢？

谁最擅长识别X，为什么？

如果知道如何识别X，在何时何处有帮助？

回想你还无法识别X的时候。在那种情况下你的学习是什么样的？有什么故事发生吗？你是经历了失败，还是成功？什么帮助你成功识别了X？

想要在将来更好地识别X，你需要做些什么？

你如何将X分解为一系列可识别的类别？

X有什么特征可以帮助你识别它？

（这些特征的独特组合是如何帮助你识别出X的？）

你能识别出可能与X有关的词语/图像/声音吗？为什么它们之间有联系？

如果X处于一组相似的事物中，你将会如何识别出它？

在不同的情况下识别X的途径会有何不同？

两个人会将两个不同的事物识别为X吗？如何做到？为何会如此？

想想你认为的X可被识别的方法。他人会如何批判你的方法？

是否有一种结论性的/权威的方法来识别X？

X的身份是唯一的吗？

何时出于何种理由X的身份会被归入一个更广泛的集合身份中？（例如，何时出于何种理由橡树成为了树林集合的一部分？）

你能从这个列表中识别出X吗？你是如何做到的？

表达

X让你有什么感觉或想法？

X给你带来了什么感觉或想法？为什么会这样？

附录一　针对理解的提问

他人可能会因X表达什么感觉或想法？为什么？

X会让你想到不同的事物吗，或者这些感觉和想法是否是彼此相关的呢？为什么会这样？

X是如何影响你的感觉和想法的？

你如何用你的身体来表达X带给你的思考和感受？

你会如何运用颜色/声音/形状/韵律/触觉来表达X带给你的想法或感觉？

某人会怎么看X？为什么？

A和B对X会有什么想法或感觉？他们的想法或感觉会有何种差别？为什么？

你如何表达你对X的感觉？

你对X有什么观点？

你如何为你对X的观点辩护？

有什么理由、例子或证据可以支持你对X的观点？

如何在Y的情境中表达X？

如何用Y表示X？

为什么X会让人思考或感觉某些事情？

如果X发生了变化，你对X的想法和感受会发生怎样的变化？

Y的变化会如何影响你对X的想法和感受？

如果不允许任何人表达他们对X的想法或感受，世界将会是什么样子？

如果每个人都能知道别人对X的想法和感受，世界将会是什么样子？

在不同的情况下，人们对X的想法或感觉会有什么不同？

你如何展示X让你产生的想法或感觉？

有什么事物是我们无法表达的吗？如果有，为什么会这样？如果没有，你能想出一个我们实际上无法表达自己想法或感受的情境吗？

如果你被剥夺了一/两/三/四种感官，你会如何表达你对X的想法和感受？

其他因素（例如过去的经历）对你关于X的想法和感受的影响有多大？这会造成什么问题或产生什么好处呢？

语言将如何帮助你表达对X的看法？

当你表达对X的看法时，语言会如何对你造成阻碍？

你在哪里最能表达你对X的看法？为什么？

你对X最初的想法或感觉会在反思之后发生什么变化？

描述

如何描述X？

你如何通过行动/语言/图片来描述X？

情境将如何影响你对X的描述？

对于不同的受众，你将如何描述X？这会造成什么样的结果？关于受众和描述之间的关系你将得出什么结论？

如何描述在Y时间段内X的变化？

你能描述一下X是如何随时间变化的吗？

你能详细描述一下X吗？为了做到"详细"，你可能需要在描述中囊括哪些内容？

X的描述和X的详细描述有什么不同？这些差异将会有意或无意地产生何种后果？

A会如何描述X？

附录一　针对理解的提问

A和B对X的描述有什么不同？原因可能是什么？

动机或欲望Y会对一个人对X的描述产生何种影响？

你能描述一下X的组成部分吗？这与X的一般描述相比有何不同？

你如何向一个丧失视力/嗅觉/触觉/味觉/听觉的人描述X？失去感官Y会如何影响你描述X的能力？

对X的主观和客观描述有何不同？对X的任何描述都能被视为完全客观的吗？

你认为X的主要特征是什么？

你能描述X给你的感觉吗？你能描述X的内涵吗？你能描述你脑海中与X有联系的内容吗？

你如何描述X的目的/设计/意图/效果/影响？

你如何描述影响X的力量？

你如何描述X与其周围环境的关系？

对X的积极描述和批判性描述有何不同？

将相互矛盾的观点考虑进来，你会如何描述X？

对X的描述在什么地方是有用的？

为什么有必要描述X？

谁可能从对X的描述中受益？从哪些方面受益？

在什么情况下对X的描述是有争议的/有用的/重要的/有助益的/不实用的？为什么？

在描述X之前，你认为最能支持你描述的标准是什么？为什么？

你怎样才能最完美地表达对X的描述？为什么这是最完美的方法？

解释

你如何解释X？

你如何向A或B组解释X？

你如何通过写作/舞蹈/戏剧/演讲/符号来解释X？

A需要知道什么才能解释X？

你需要在何时解释X？

对X的解释何时有用？为什么？这能告诉我们关于X的什么讯息？

谁能解释X？谁能利用对X的解释？如何利用呢？

说明X和解释X有何不同？（还有很多其他的动词）

为什么X会是这样呢？

关于X的功能或目的，你能告诉我们什么？

你能解释一下你为什么那样想吗？

你能给我一个那样想的理由吗？可能的理由是什么？

你如何解释你的推理/行动/行为/选择？

在什么情况下有必要解释X？

解释X的最有效方法是什么？（在Y场合下/对A解释时）

鉴于你已知的信息，你会如何尝试解释"新知识X"？

X会如何影响你的解释？

新信息X似乎与你的解释存在矛盾。你如何解释这个问题？考虑到这些矛盾，你将怎样调整你的解释？

为什么X会有不同的解释？我们能从中得出/推断/推导出什么结论？这些解释的不同/相似之处会如何影响我们对X的理解？

解释X如何帮助你理解它？

Y理论/ A会如何解释X？

X的影响将如何帮助解释它的目的/意义/作用/行为？

你能解释一下发生了什么吗？为什么会发生呢？

你如何解释X和Y之间的关系？

在这些解释中，你认为谁的解释最能被接受？为什么？

X能帮助你解释什么？

你可以用什么标准来判断对X的不同解释？

如何评估对X的解释呢？

如果强调不同的要素，你对X的解释会有何种调整？

当解释X时，情境会对解释产生何种影响？

转化

如何通过Y媒介表示X呢？

你如何通过舞蹈/戏剧/诗歌/代数来表达X？

你能画出X吗？

你能画出你对X的理解吗？

你如何用不同的词来解释X呢？

你如何用更简单的术语来解释X呢？

A和B会对X作出何种不同的解释？

如果今天的学习变成了轻快的吟唱，听起来会是什么感觉？

在收集齐关键信息之后如果创作成俳句，会是什么样呢？

你将如何把X转化为Y形式？

你如何将你的学习成果转化给Y听众？

如果你要把X转化成Y媒介形式，会对X作出何种改变？

如果你要把X转化成Y媒介形式，X的哪些方面将依然维持可见？这告诉我们关于X的什么？又告诉我们关于Y媒介的什么？

谁会觉得有必要转化X，或者让他人为他们转化，以帮助他们理解？为什么？

如果我们要把X转化成Y媒介形式，X的哪些基本特征会被突出显示？

何时何处将X转换成另一种形式能发挥作用？

为何把X转化成另一种形式会帮助你理解呢？

为何将X转化成另一种形式会很困难？

为了把X转化成Y媒介/形式，你需要经过什么过程？

你如何使用你在数学/科学/法语（或其他学科）中学到的知识来转化X？

你如何把X转化成外星人/动物/植物能够理解的形式？

你如何得知转化是否有意义？在转化一份材料时，你会作出何种假设？为什么？

当你把X转化成Y媒介/形式时，你对X的理解会发生怎样的变化？这将告诉我们关于X、关于我们对X的理解，或者关于媒介的什么讯息？

假设A被剥夺了感知Z的能力，你将如何转化X使之能够被A理解呢？

想象一下，你遇到了一群你无法用语言与之交流的人。你如何向他们解释X呢？

你如何把你所学到的知识转化成适合Y听众的形式？你会选择什么形式，为什么你认为它是合适的？

你如何用手势来解释X呢？

附录二

针对应用的提问

应用

你如何用X来处理情况Y？

在什么情况下X可能适用？

X在何时/何处可能适用？

X可能有哪些实际运用？

两个人对X的应用会有什么不同？

情境的变化如何影响X的应用？

A的动机或意图如何影响他对X的应用？

你如何决定X是否可以应用于多种情况？

如何用X来解决Y问题？

如果X改变了，它仍能应用于Y/适用于Y情境吗？

A（一个小组或个人）如何使用X来改善他们的处境？

你怎样改变X以调整它的用途？你的更改可能会导致什么意外后果？

在哪些情况下应用X而不是Y（反之亦然）？

你能制定一条/套规则来解释什么时候使用X合适吗？

你在日常生活中会如何使用X呢？

X的作用是什么？

假设X的成分Z发生变化，这会如何影响X的使用？

X在多大程度上可以被改变但仍保持用途不变？这能告诉我们关于X的什么讯息？这告诉我们X的结构和它的用途之间的关系是什么？

将X应用于Y/Y情境可能意味着什么？

X是否可以应用于它最初不被使用/传统上不被使用的情况？结果会怎样？

为什么可以把X应用于Y？

你能否构建一个表格，列出可以应用X的情况，以及不能应用X的情况？由此，你能得出关于X及其用途的什么结论？

可能有X不适用的情况吗？这些情况有什么共同点吗？如果有，这告诉我们关于X的什么讯息？

假设某人以前没有遇到过X。你能否提供指导，解释如何、何时、何处以及为什么应用它？

为了成功地使用X，你需要知道多少？

对X有更多的了解会怎样改变你使用它的方式？

你能想象X曾经有用，但现在不再有用的情况吗？

概述

你能概述一下X吗？

如果你要概述X，你会选择哪个部分作为最重要部分？

X的概要是怎样的？

附录二 针对应用的提问

你如何概述X的不同部分？

你能概述一下X的各个部分，以此让我们知道整个X是什么样子的吗？

概述会漏掉X的哪些细节？是否每次都会漏掉这部分？为什么？

受众的要求会如何影响对X的概述？

假设你被要求在X的概述中加入Y元素，这会怎样改变这一概述？仔细想想，这对原先的概述有何启示？

A和B对X的概述有何不同？

一份概述会透露概述者对X的什么信念/感受/想法？你如何检验它的真伪？

想象你必须列出X的概要。你认为最重要的部分是什么？

对X的简要描述与一般概述有何不同？

在对X进行概述时，你会遇到哪些约束条件？你如何克服这些阻碍？

对X的口头概述和书面概述有何不同？

简单地说，X是什么，它如何运作？

你如何保证对X的一般概述的准确性？

你能简单介绍一下X，并解释你认为哪些部分值得进一步考虑吗？

对X的概述如何能让我们/受众/你自己受益？

概述是如何给我们/受众/你自己造成困难的？

你如何概述X的主要特征？

对X的简短书面描述和口头描述在重点或内容上有何不同？

对X的一般概述在何时最有用？

为什么对X的简要概述可能比完整的解释更好呢？

我们如何判断对X的一般概述是否正确？有无可能其中有些细节是正确的，但整个概述却不正确？

在对X进行概述时，我们需要谨记什么（与描述X的所有事实相比）？

对X的概述可能会如何导致误解？这些误解可能是什么？你怎样才能确保对X的概述清晰准确呢？

A、B、C对X的简要叙述如何协调？我们想要协调它们吗？为什么？

选择

哪个选项对A最合适？为什么？

哪个项目/工具/概念/想法最适合这项任务？

你将如何从X集合中选择呢？

你将基于什么标准来决定X？

如果你基于不同的标准，你对X的选择会有何不同？

你会给别人提供什么样的指导方针来帮助他们在Y情况下做出选择？

在Y情况下哪个选项最好？为什么？情况的变化会如何影响这个选择？

为了达到成功标准，你会如何进行X项目？

以前的哪些知识对你目前的情况最有用？

根据N理论，在X、Y、Z情况下你会怎么做？

你会选择M理论还是N理论来解释X、Y、Z情况？你选择的理由是什么？

动机/情感/理性/竞争要求/道德/机会成本将如何影响你的选择？

你的选择会让你放弃什么？

你的选择什么时候会受到质疑？

如果有人质疑你的选择，你会如何解释？

你会如何为自己的选择辩护？

什么可能导致你改变你的选择？

X在Y情境中的最佳形式是什么？

哪个选项可能是最合适的？为什么？这取决于什么？时间/空间/思想/人/文化的变化会如何影响这个决定？

有人会给出什么理由反对你的选择？

你如何向不熟悉情况/材料的人解释你的选择，以及背后的原因/方法？

学习会如何帮助我们在X和Y之间做出选择？

为了做出决定，你会用什么推理来解释X情况？

为什么A和B在X情况下会做出不同的选择？

为何使用相同知识的两个人却做出不同的决定？

在X情况下，你如何决定该怎么做？

什么能给你最好的机会来展示你的知识/技能/理解？

我们如何解释X情境中A的选择呢？

谁会选择X选项？为什么？

演示

你如何演示X？

你如何演示你对X的理解？

在Y情境下，你如何演示你对X的理解？

你如何演示规则/理论/概念/想法X？

为了演示X，你可能需要（知道）什么？

你能教我怎么使用X吗？

你如何通过戏剧/模仿/面部表情/噪声来演示X？

你如何演示出X是正确的呢？

你如何证明X是正确的？

Y听众/Z情境如何影响你演示X的能力？

X展示了哪些特征？

你如何演示你今天的所学？

为何/何时/何处有必要演示对X的理解？

你将如何运用今天的所学？

你怎样把你所学到的东西运用到实际中去呢？

如果你将接受评估，你将如何展示你的知识/理解力？

在X情境中你能演示什么技能/知识？

想象X情境/关系/想法发生了改变。你如何表明你理解了这种变化的含义？

在已知Y的情况下，你如何演示它对X的影响？

A在X情境/片段中演示的是什么技能？这个信息告诉我们什么？

X的存在表明了什么？

A的行为/工作/言语可能表明了什么？

在考虑演示X时，如何将流程分解为不同的部分？（例如：先拔掉水壶的插头，然后加水，再插上插头，再打开……）

演示X最有效的方法是什么？你这样做的原因是什么？它会受到受众的影响吗？沟通的方式会如何影响它？

在演示X时，你希望A展示/考虑/说明什么？

A需要向你展示多少才能让你判断出他们做得好不好呢？为什么？

谁最有能力演示X？为什么？你如何缩小那个人的能力和你自己的能力之间的差距？他们的能力告诉你关于X本质的什么讯息？

你如何演示X和Y之间的关系？

有什么是你无法演示的？如果有的话，它们是什么？为什么不能演示它们？如果没有，这可能会告诉我们关于人类和人类沟通方式的什么讯息？

解决

你如何解决X？

A将如何试图解决X？

你可能用/需要什么来解决X？

你如何利用我们今天所学的知识来解决X？

Y会如何帮助你解决X呢？

解决X你还需要什么？你是怎样/为什么得出这个结论？

我们如何解决这个问题？解决这个问题的后果是什么？它们与解决问题的方法有什么联系？

X的答案/解释可能是什么？

你会如何着手解决X问题？你为什么选择这一方法？有什么替代方案？这些与你最初的想法有何不同？

什么能解释X？

我们怎样才能最好地处理X呢？为什么这可能是最好的方法？

为努力解决X你需要什么？

在何种情况下，或者对谁来说，解决X是必要的？这告诉我们关于X性质的什么讯息？

个人/团体解决X的动机是什么？

你如何用推理来解决/解释X？

你之前会如何解决X情境？会和实际发生的情况有所不同吗？如果有所不同，为什么？如果没有不同，为什么？

解决X有哪些不同的方法？它们的优点和局限性是什么？接下来，你会选择哪一种方法来解决X，为什么？

谁能解决X？为什么？

考虑过我们的问题之后，你能运用什么来解决它？

怎样才能找到X的答案呢？

今天的所学能让我们解决/解释什么？

如何用X、Y、Z来解决这个问题？

从表面上看X似乎是一个谜——你会如何解开它？

有什么线索可以引出X的解决办法？

我们在哪里可以找到X的解决办法？

如果你要把今天的问题讲给明年的同学听，你对如何解决这些问题有什么建议？你为什么要提出这个建议？它是如何与你自己的学习相联系的？

如果问题的X部分发生了变化，它将如何影响你的解决方案？

为了解决这个问题，你会运用什么方法？

X的解决方案与什么有关？为什么？

附录三

针对分析的提问

对比和比较

X如何变得更像Y？

X和Y有什么不同？

是什么导致X和Y不同？

为什么随着时间的推移，X和Y的发展会有所不同？

我们如何区分X和Y呢？

我们怎样才能证明X和Y是不同/相似的呢？

为什么X和Y不一样？

我们能证明X不是Y吗？如何证明？

如果X和Y变得更相似/不那么相似/不一样会发生什么？

我们如何可以将X和Y归为一类？我们如何可以将X和Y归成不同类？

Y具有哪些X元素（反之亦然）？那么，是什么导致它们不同的呢？

什么类比可以同时适用于X和Y？

X对Y来说，相当于什么对于什么？你能通过推理证明它吗？

Z与X和Y的关系有何不同？为什么？

Z和X的关系与Z和Y的关系有什么共同点？

你如何为受众指出X和Y的异同？

哪些事件可能影响X而不影响Y？

构成X的元素和构成Y的元素有何不同？

X和Y的源头有何不同？

X如何在N的步骤中变成Y？

什么情况对X和Y中的一个有利，对另一个不利？为什么？

何处可以找到X，而不是Y？为什么？

X和Y都可能在何处蓬勃发展？为什么？

X和Y的用户有什么不同？

X和Y有某些共同之处吗？如果有，是什么？为什么它们有共同之处？

X和Y之间有什么关系？

没有Y的世界和没有X的世界有什么不同呢？

X对人类事务的重要性与Y的重要性有何不同？

人类对X和Y的参与度有何不同？

X和Y相似/不同的原因是什么？

你能概括出X和Y之间的异同吗？

检验

你打算如何彻底检验X？

在检验X之前，你可以预测哪些发现？你的预测基于什么？

你可能使用什么工具或概念来检验X？

在检验X时，你认为哪些工具/概念最为有用？为什么？

附录三 针对分析的提问

当你检验X的时候，你会试图回答什么问题？

你会用什么关键问题来组织你对X的检验？为什么？

你对框架问题的选择将如何影响你对X的检验？

如何将X分解成便于操作的部分来进行检验？这样操作时你需要考虑什么？将X分解成组成部分进行检验可能有哪些优势和缺陷？

对X进行的两次检验有什么不同？

检验X的最佳地点可能是哪里？

环境会如何影响你对X的检验？

谁可能曾经检验过X，他们的发现将如何帮助（或阻碍）我们？

你为什么要检验X呢？

在检验X的过程中如果独立操作/与他人合作将有什么好处？潜在的问题有哪些？

作为检验X的框架，哪些标准可能有用？如何选择这些标准？如何应用它们？这一切会造成什么影响呢？

对X的检验能揭示它的真实性质或状况吗？如果能，如何揭示以及为什么？如果不能，为什么不能呢？

通过检验X得到的结果会对你的观点造成什么影响？

X的性质或条件会随时间改变吗？

X的意义或目的是什么？

对X的检验可能会得出什么结论？你如何检验这些信息是否真实/有效/可靠？

对X的不同检验如何会产生不同的结果？这能告诉我们关于X的什么讯息？这能告诉我们关于分析/检验本质的什么讯息？

在对X的检验中，有什么隐含的内容吗？它是否依赖于你的判断或推断？如果是这样，这意味着什么？如果不是，表面的检查能告诉我们X的真实性质或情况吗？为什么？

你如何检验X是否受Y动机的影响？了解这些如何帮助你变得更加客观？

你的检验对X有什么影响？

检验X会如何影响你对它的理解？

分析

你会如何分析X？

你能对X作出分析吗？

你能不能对X进行分析，并特别注意Y元素/Y的影响？

X如何影响Y？

X的结构是什么？

如何分析X的结构？

我们如何分析组成X的部分呢？

什么（元素）是X的核心？

X的功能/意义/结构背后是什么（元素）？

X是什么意思？你是怎么得出这个结论的？

从对X的分析中我们能得出什么结论？

我们如何将X投入分析呢？

通过对X进行分析，你期望得到什么？

对X的分析可以有什么不同？这对我们自己的分析有什么启示？

通过比较X的不同分析结果，我们能学到什么？

分析X时，哪些过程/工具/概念/想法可能有用？为什么？

附录三 针对分析的提问

我们应该用什么方法来分析X？为什么？我们如何判断我们的方法是否成功？如果失败了，我们该怎么办？

X的中心/核心/关键是什么？什么对X不是特别重要？

如何使用X？是什么使X可以投入这些使用呢？

谁？什么？何处？何时？为什么？如何做到？（5W'S+H）

X想要表达什么？

动机/偏见是如何影响X的？

A的动机是什么？

A是如何被引导这样做的？

你为什么这样做？

X背后的原因是什么？

X怎么会变成这样呢？

X的组成部分是什么？

A（人/组）的意图如何导致X/ X情境的发展？还可能是什么导致了它的发展？

是什么让X变成这样的？

什么在内部影响着X，什么在外部影响着X？X对其他东西有什么影响？

X的性质是什么？你有什么证据支持这一点？

提问

为什么是X？为什么是X而不是Y？

为什么X会存在？如果X不存在会发生什么？

为什么有人会问关于X的问题？

关于X我们可以问哪些问题？为什么会问这些问题？

我们应该以什么目的来决定提问关于X的什么问题？

一个人的动机/偏见/意图会如何影响他们关于X的提问？

根据你自己的目的/动机/目标，你会问关于X的什么问题？

你会如何安排你对X的提问？

你可能会问关于X的哪些反事实的问题，为了抵消你原来的问题？

我们如何利用提问来达到一定的效果？关于问题的使用，这可能告诉我们什么？我们如何利用这些信息来指导未来的提问？

A和B问的问题有何不同？为什么？这能告诉我们它们之间有什么相似之处和不同之处吗？

在分析X时，开放式还是封闭式的问题对我们更有帮助？为什么？

如果X可以作答，我们的问题会作何调整？（例如，如果X是我们接触的一个人，而不是一个群体/想法/物体等）

情境会如何影响你对X的问题？或者你得到的答案？

关于X我们可以问哪些客观的问题？关于X我们可以问哪些主观的问题？这些问题有什么相似或不同之处？问这两种问题的作用何在？如果我们偏爱一种类型而不是另一种类型，我们的分析又会有什么不同？

构成你分析框架的首要问题是什么？为什么？从这样一个问题开始会有什么好处和坏处呢？

考虑到我们对X的了解，你会如何设计一组问题，使其他人可以用它们来得出类似的结论？

是否可以利用你所知道的关于X的一切来设计一组问题，使任何人都可以用来分析X？

根据新的信息Y，我们需要对X提问什么？

你的问题基于什么假设？A的问题基于什么假设？

关于X有什么问题是无法回答的吗？如果有，为什么无法回答？你能想象未来这些问题的答案是什么吗？

你问题的答案有多有效/可靠/通用？为什么？你如何提高它们的有效性/可靠性/通用性？

在什么情况下提问和回答关于X的问题可能会比较困难？

调查

我们如何调查X的性质？

我们如何调查A所说的是否属实？

为什么调查X是有用的？

在什么情况下有必要调查X？为什么有必要调查X？

人们调查X的动机是什么？

如何进行/运作/组织对X的调查？

对X的调查与我们的学习有何关联？

你用什么来构建对X的调查框架？

调查X和调查Y有何不同？

时间、地点和背景会对你对X的调查有何影响？

对概念的调查和对物件的调查有何不同？

你可以使用什么来调查X？

调查X的好处是什么？

在调查X时，你可能不被允许做什么或使用什么？

在调查X时会遇到什么问题？

当你计划如何调查X时，你认为你需要克服哪些困难？

X的性质会如何影响任何调查它的尝试？

对X的成功调查需要什么？

你希望通过调查X得到什么？

不同的调查方法会如何影响你的发现？

什么假设可以支持对X的调查？

你可以用什么标准来指导你的调查？为什么？你能用这些来判断你的调查结果吗？为什么？

你在调查X时会遵循什么原则？为什么？

通过调查X，你想要回答什么问题？

在调查X的过程中，你如何检查你得到的结果的有效性/可靠性？

如果X在你调查时发生了变化，你将如何应对？

在调查X和Y时，有哪些相似之处和不同之处？

你如何判断你的调查是否成功？

调查X的最容易之处在哪儿？最困难之处又在哪儿？最有效之处在哪儿？

附录四

针对综合的提问

创造

X是如何创造出的？

你如何创作关于X的图像/戏剧/故事/诗歌？

关于X的图像/戏剧/故事/诗歌可能是什么样的？

X与Y是如何联系的？（你能在X和Y之间建立联系吗？）

你能把X和Y与Z联系起来吗？（你能在X、Y和Z之间建立联系吗？）

X的生成需要什么条件？为什么？有多种情况吗？如果是这样，那是什么将它们联系在一起的？

关于X的起源，你能讲出哪些不同的故事？它们有什么不同？它们为什么不同？在解释X产生的所有故事中是否有一些共通的东西？为什么？

X可以有助于创造什么？

你可以用X来创造什么？

你如何使用X来创造Y/一些新的东西？

创造X可能需要什么条件？为什么？

如果改变条件Y，X还会被创造吗？

X的创造是否扼杀了其他可能的创造？那些其他可能应该是什么样的？如果不是X，而是其他那些首先被创造出来，世界会有什么不同？

如何解决X问题？

你能为X问题创造什么解决方案？

可以为Y情境创造X吗？（例如：英国的宪法可能是什么样？或者：你能为英国（Y）制定宪法（X）吗？）

创造X的动机是什么？

你能创造一个新的/更好的/更精简的/更有效的/限制更少的X版本吗？

你能解释一下你创作背后的想法吗？

X的产生造成了什么后果？

你能给问题X创造一个答案吗？

X的创造可能涉及哪些过程？这些过程如何交互？它们之间的哪些关系对于X的创造是必要的？

X的创造需要特定的条件吗？

X的创造是否总是会导致某些结果？

X的创造是否与因果链有关？这种创造可以用间接因素来解释吗？

你能用X的风格创建一个图片/故事/实验吗？

为了创造某事物，你需要知道什么？

设计

X是如何设计的？

附录四 针对综合的提问

X可能有哪些替代设计？

X的替代品是什么样的？

你如何设计一个X的替代品/替代版本？

你能设计出解决X问题的方案吗？

X的解决方案可能是什么？如何将其付诸实践？

在设计X的解决方案时，你可能会遇到哪些困难？

X和Y的设计有什么不同？

为了支持X的可行设计，可能需要哪些约束条件？

在设计X时，需要考虑哪些因素？

你如何优先考虑设计纲要的各种需求？

你能设计出一个考虑竞争方的利益/想法/需求的X版本吗？

如果情况发生了变化，你会如何应对？

A和B如何设计对Y情境的不同回应？

Y因素对你设计问题X的解决方案有什么影响？

为什么X会设计成这样？

什么影响了X的设计？为什么？

你认为X的设计者怀有什么目的或意图？

X的设计导致了什么意外后果？这告诉我们关于X设计的什么讯息？它告诉我们关于人们如何使用这个设计的什么讯息？

你如何设计X，使它不过时？

检验X。用你的发现来说明它是如何设计的。为什么你认为它是这样设计的？

你如何设计X，使它是开放的而不是封闭的？

如何重新设计X？

哪些信息对设计X最有帮助？他们如何获得这些信息？它会如何影响他们的计划？

观察X，设计和现实之间有区别吗？为什么？

进行设计的最佳方式是什么？遵循流程有什么好处？有什么缺点？

X的几种设计有何相似和不同之处？

提议

你对X情境有何建议？

你对X情境的解决办法有何建议？为什么？

你对修改X有什么建议？

X会被如何改变？

我们如何处理X情境？

A和B在X情境中会提出什么想法？为什么？

你用什么来提出你的建议？

你打算如何解释你的决定？

我们怎样才能最好地解释A的行为？

为什么A会有这样的行为呢？你认为A的行为动机或原因是什么？

什么理论可以解释X？什么理论可以解释X、Y、Z？

你能提出一个替代目前已有方案的选择吗？

考虑到我们的讨论，你有什么建议？

根据你的知识和理解，你建议我们怎么做？

我们如何维持/分析/批判/规避/挑战/描绘/推断X？

你对X情境有什么计划？你打算怎么做？

对于为什么X是这样，你有什么想法？

是什么导致了X？如何导致？为什么？

谁可能对X负责？为什么？

A会有什么感觉？是什么引起了这种感觉？

A对X的反应是什么？为什么X会引起这种反应？

你如何改进X？

对X的更改会如何影响你对提议的调整？

什么因素影响了你的提议？如果这些都改变了，你的提议会如何改变？

我们怎么解决问题X？有什么替代方案？

一个想法的提议和一个计划的提议有何不同？

一个计划或一个想法能更好地解决问题X吗？为什么？

如果X的Y方面发生变化，会对你的提议产生什么影响？是否X的某些方面对你的提议更重要？

你的提议为什么可行？为什么会失败？为什么它可能解决这个问题？什么情况下它可能无法解决这个问题？

你如何改进你的提议？

你为什么认为你的建议会成功？你有什么证据/例子/理由来支持你的信念？

构建

什么理论可以解释这些信息/观测结果/数据？

你如何从Y推导出X？

你如何构建一个论点来支持你的观点？

你能提出论点来支持你的观点吗？

你能构建X的含义吗？

你如何将X、Y、Z结合起来形成一个理论？

你能构建一个把X考虑在内的新理论吗？

你可以使用这些概念构建什么？

这些概念如何帮助我们建立一个解释X的模型或理论？

我们如何利用我们学过的概念来构建X的理论？

A是如何用观察/数据来构建一个理论的？你同意他的理论吗？为什么？

什么关系和概念对X理论很重要？

将X和Y联系起来的理论/想法可能是什么样的？

试图解释X、Y和Z的这个理论的优缺点是什么？

我们如何解释这些数据/观察结果？

会有人如何为X辩护呢？

会有人如何对X进行攻击/批判呢？

我们如何解释X？

人们如何尝试将X纳入他们的理论？

是否可以建立一种理论来挑战X/符合证据/提出进一步研究的建议？

为什么构建X理论是可能的？为什么构建X理论是不可能的？

何时/何处构建关于X的理论可能有用？

你可以用什么来构建关于X的理论？

当你试图使X理论化时会遇到什么困难？

你能用这些数据/你的知识构建出X的答案吗？

我们能为我们的答案建立什么基础？

你会用什么来构建X的答案？

A和B如何构建不同的X理论？

X理论依赖于什么？如何证明X理论是错的？

某人何时以及如何能够构建出X的替代品？他会如何操作？什么能使这一替代品有效？

如何使用X、Y和/或Z来建立一个论点？

假设

你会如何解释X？

什么能够解释X？这种解释是如何起作用的？

谁能解释X？为什么？

如果X改变会怎样？如果X被Y改变会怎样？如果A改变X会发生什么？

如果X和Y接触会发生什么？

什么样的假设可能符合事实？什么假设可以解释X？

X情境下会发生什么？为什么——是什么让你得出这样的假设？

你能想出一个解释X、Y、Z的假设吗？

为什么X会是这样的？

你如何改进X？为什么你的建议是一个改进？

什么可能使X更好或更坏？为什么？

你会如何解释X？已知新信息Y，你关于X的假设会如何变化？

你如何测试你关于X的假设呢？

X有什么不同呢？

为什么/在何处X会不同？

谁想要解释X？为什么？

X的解释可能是怎样的？如何用Y/A来解释X？

实现X的最佳做法可能是什么？为什么？

你的假设基于什么假定？

你的假设如何影响你对X的看法？

某人会如何试图证明你的假设是错误的？

动机的改变会如何影响你的假设？

有多少种不同的假设可以解释X？这告诉我们关于X的什么讯息？关于提出假设本身，它又告诉我们什么？

你认为关于X的哪个假设最有可能被证明是正确的？为什么？

你如何简化你的假设？

你需要什么信息来证明或反驳你的假设？

哪些信息可能会导致你改变你的假设？为什么？你会做何种改变？

你如何建立一个解释X的假设？

关于X的假设在任何情境下都成立吗？如何测试？

为什么有人会同意或不同意你关于X的假设？

你会如何测试你的假设？

附录五

针对评价的提问

评估

我们如何评估X？

你能对X做什么评估？

X表现出Y行为的可能性是多少？

X如何改进？为什么？这会给谁带来什么好处？

X在Y中有多重要？

我们会赋予X多少价值？在不同情境下，这种价值会如何变化？

什么内部变化会改变X的价值？

什么外部变化会改变X的价值？

X何时对A最有价值？

在什么情况下X是可靠的或有效的？

我们如何评估X的有效性或可靠性？

你可以用什么标准来评估X？为什么？不同的标准如何导致不同的评估？

你如何根据Y或Z来评估X？

A和B是如何得出对X的不同评价的？

是否可以制定一套标准，使X无论由谁评估都有统一的评估模式？为什么？

我们如何评估X是否属于Y类？

为了自信地评估X我们需要知道什么？

X是什么？你如何得知？是什么思路让你做出这样的评估？

我们如何评估X对Y的影响？

X成功/失败的概率有多大？这些概率如何增加或减少？

X的优势大于效益吗？为什么？

如果你可以从头创建X，你会有什么不同的做法？如果没有，为什么X被证明是成功的？

X的哪些方面最为重要？为什么？

为什么A和B会对X有不同的看法？

为什么X可能存在？

X的目的可能是什么？

考虑一下你对这个世界的了解。X，或者说X的使用方式，在未来会如何变化？为什么？

什么情况下最有利于X的成功？

X具备什么品质可以使它在Y情境下蓬勃发展/取得成功？

论证

你会用什么论点来支持X？

你可以用什么论点来反对X？

附录五　针对评价的提问

为了提出X可能需要提出什么论点？

为了阻止X可能需要提出什么论点？

谁或什么论点会支持X？为什么？

谁或什么论点会反对X？为什么？

考虑一下支持和反对X的论据，它们之间相比如何？两者有共同之处吗？有共同的假设吗？或者，它们有不同的假设吗？这两种情况下的论点都有什么含义？

论点X依赖于什么假设？

提出X论点的人可能有什么动机？

你如何反驳反对X的论点呢？

我们如何测试X论点？

我们如何证伪X论点？

关于X，A的动机会引导他做出什么论证？

为了成功地支持或反对X，你需要了解和理解什么？

你如何支持你关于X的主张？

有什么证据、例子或理由可以用来支持X？

X论点的优点和缺点是什么？为什么会这样？它能告诉我们关于这个论点的什么讯息？

为什么X论点有说服力？

为什么个人或团体会接受X论点的有效性？这告诉了我们关于这些个体或群体的什么讯息？它能告诉我们那些提出X论点的人的动机是什么吗？

在什么情况下X论点能够论证成功？为什么？

你如何支持你刚才所说的话？

为什么某一证据可以支持这个论点？

X论点所依赖的是什么推理？

一个人可以通过什么步骤来建立一个关于X的论点？

X论点唤起了什么情感或共同的意义？

如果前提改变，这将如何影响你的论点？

有什么新证据能证明X论点不成立？

在Y情境下你如何保持你的观点？

证明

你如何证明X？

谁会为X证明？

A如何证明他的观点/信念/提议是正确的？他为什么要证明这一点？是什么激励他去证明X？什么因素可能影响他决定证明X是正确的？什么可能影响他证明X的方式？

你何时能够证明X？什么变化将使它不再合适？

何时，或者为什么，有人无法证明X？

你如何使用证据或推理来支持你的论点？

接受X为真有什么正当理由？

在面对X论点时，你如何证明你的立场？你如何向A或B证明你的论点？

证据X对你捍卫立场Y有什么影响？

考虑到各种主张的优点和缺点，你认为在这种情况下，哪一个是最合理的？

你如何评估X观点的证明理由？

附录五　针对评价的提问

你如何证明改变/维持现状是合理的？
何时可以证明X的使用是正当的？
X的使用在何处是合理的？
在什么情况下可以证明X？
如何证明X是对的或是合理的？
有证据证明X是正确的吗？你能制造证据证明X是正确的吗？如何制造？
你的证明理由依据是什么？什么支撑着A的证明？
你能通过分析A的逻辑/演绎/语义/理论基础来批判他的论证吗？
A是如何证明其推理/立场/行为的？
当A要证明自己的观点时，他会向谁或向什么来求助？
X的感性证明和理性证明有何不同？
如果不使用语言/某些词语/手势/经验证据/逻辑，你如何证明X？
宗教与科学/历史与哲学/社会与文化的证明理由有何不同？
X的证明可能基于哪些假设？
证明X的伦理/政治/社会/理论后果可能是什么？
A如何证明B或C行为的合理性？为何这样证明？
A如何说服他人他证明的有效性？
我们如何测试你的X证明是否正确？

判断

你对X的看法是什么？为什么？是什么让你得出这个观点？支撑它的假设是什么？你的观点是如何受到X/先入之见/先前知识的影响的？
在Z情境中，X或Y会更好/更合适/更有用吗？

我们如何判断X？

A会如何判断X？这个判断与B的判断有何不同？为什么？

背景将如何影响某人对X的判断？

谁可能需要/渴求/希望对X作出判断？

我们可以对X做出什么判断？

基于某个标准，你对X有何看法？为什么？

你能用什么标准来判断X？

你对X的看法是什么？你判断的依据是什么？

怎样才能判断X呢？是否可以根据不同的假设/要求/想法对X做出不同的判断？

在X情境中，哪种判断最为有用？为什么？

新的信息Y会改变你对X的看法吗？为什么？

你对X的看法基于什么成立？你的判断有动机/原则/直觉/理由吗？如果是这样，为什么这些是重要的？在分析上，它们重要吗？

对A个人/B情境来说，X的价值是什么？

你对X有什么想法？

为什么X比Y好？为什么Y比X好？在你看来，哪个更好？为什么？情况会一直如此吗？

在X情境下/对Y组来说，哪种想法更好？

X有多有效？你是怎么得出这个结论的？我们如何判断X的有效性？这对我们理解X有何影响？

关于X有什么好的/坏的/有用的/没有品位的内容？为什么？

听了所有的证据，你对X的看法如何？你的意见如何与证据相联系？证据是否构成/支持/否定它？

在你看来，X可能会如何改进/改变/重塑？是什么使你做出这样的判断？当你的思路更清晰时，你的观点会改变吗？为什么？

X还是Y？原因是什么？这些原因以什么为支撑？概念在你的思维中可能起什么作用？如果你要判断你的概念的有效性，是否会导致你改变最初的观点？为什么？

X是合理的吗？为什么？

你是如何形成某一观点的？哪些概念或过程可能影响你的思维？

某人对X的判断何时何地会改变？

当你对X做出判断时，你会在众多标准中如何优先选择？

批判

你会如何批判X？

你能给我们一个关于X的评论吗？

一个人会如何批判性地评价X？

对X存在哪些批评意见？

会有人如何批评X呢？

X的优点和缺点是什么？

批判性地思考，你对X的最终判断是什么？

A会如何评价X？这和你自己的评论有何不同？你如何解释这种差异？

一个人的动机/目的/目标和他对X的批判之间可能有什么关系？

某人会怎样利用他对X的批判呢？你会如何使用他人对X的批判？

人们在批判某件事时遵循什么规则？规则是否会因被批判对象而不同？

X可能会出现什么问题？X可能会带来什么问题？X如何会成为一个问题？X会使什么变得困难？

某人可能会发现X的哪些缺点或困难？

X会有多大用处？为什么？

X在Y情境中的作用是什么？为什么？

X有什么限制？

造成X局限性的原因是什么？

X的肯定意见和否定意见/赞成意见和反对意见是什么？

在分析了X的肯定和否定意见后，你的看法是什么？

A可能会对X提出什么批评意见？

某人会如何用Y来批判X呢？

对X的批判依赖于什么？

为了让你对X的批判有效，你需要知道或理解什么？

你对X的批判依据是什么？这些会如何引导你对这个问题的思考？

你能利用什么来批判X？

对X的批判会带来什么？

基于什么理由我们可以带着对X的批判意见继续前行？

为什么X很难被批判？如果有的话,什么可以让我们成功地批判X？

某事物如何或为什么会难以批判？A如何或为什么会很难批判X？

"常青藤"书系——中青文教师用书总目录

书名	书号	定价
特别推荐——从优秀到卓越系列		
从优秀教师到卓越教师:极具影响力的日常教学策略	9787515312378	33.80
从优秀教学到卓越教学:让学生专注学习的最实用教学指南	9787515324227	39.90
从优秀学校到卓越学校:他们的校长在哪些方面做得更好	9787515325637	59.90
卓越课堂管理(中国教育新闻网2015年度"影响教师的100本书")	9787515331362	88.00
名师新经典/教育名著		
最难的问题不在考试中:先别教答案,带学生自己找到想问的事	9787515365930	48.00
在芬兰中小学课堂观摩研修的365日	9787515363608	49.00
马文·柯林斯的教育之道:通往卓越教育的路径(《中国教育报》2019年度"教师喜爱的100本书",中国教育新闻网2019年度"影响教师的100本书"。朱永新作序,李希贵力荐)	9787515355122	49.80
如何当好一名学校中层:快速提升中层能力、成就优秀学校的31个高效策略	9787515346519	49.00
像冠军一样教学(全新修订版):提升学生认知、习惯、专注力和归属感的63个教学诀窍	9787515373287	79.90
像冠军一样教学2:引领教师掌握62个教学诀窍的实操手册与教学资源	9787515352022	68.00
如何成为高效能教师	9787515301747	89.00
给教师的101条建议(第三版)(《中国教育报》"最佳图书"奖)	9787515342665	49.00
改善学生课堂表现的50个方法:小技巧获得大改变(中国教育新闻网2010年度"影响教师的100本书")	9787500693536	33.00
改善学生课堂表现的50个方法操作指南:小技巧获得大改变	9787515334783	39.00
美国中小学世界历史读本/世界地理读本/艺术史读本	9787515317397等	106.00
美国语文读本(1~6册)	9787515314624等	252.70
和优秀教师一起读苏霍姆林斯基	9787500698401	27.00
快速破解60个日常教学难题	9787515339320	39.90
美国最好的中学是怎样的——让孩子成为学习高手的乐园	9787515344713	28.00
建立以学习共同体为导向的师生关系:让教育的复杂问题变得简单	9787515353449	33.80
教师成长/专业素养		
如何爱上教学:给倦怠期教师的建议	9787515373607	49.90
如何促进教师发展与评价:一套精准提高教师专业成长的马扎诺实操系统	9787515366913	59.90
人工智能如何影响教学:从作业设计、个性化学习到创新评价方法	9787515370125	49.00
项目式学习标准:经过验证的、严谨的、行之有效的课堂教学	9787515371252	49.90
自适应学习与合作学习:如何在学校课程体系中实现学生的深度学习	9787515371276	49.90
教师生存指南:即查即用的课堂策略、教学工具和课程活动	9787515370521	79.90
如何管理课堂行为	9787515370941	49.90
连接课:与中小学学科课程并重的一门课	9787515370613	49.90
专业学习共同体:如何提高学生成绩	9787515370149	49.90
更好的沟通:如何通过训练变得更可信、更体贴、更有人脉	9787515372440	59.90
教师生存指南:即查即用的课堂策略、教学工具和课程活动	9787515370521	79.90
如何更积极地教学	9787515369594	49.00
教师的专业成长与评价性思考:专业主义如何影响和改变教育	9787515369143	49.90
精益教育与可见的学习:如何用更精简的教学实现更好的学习成果	9787515368672	59.00
教学这件事:感动几代人的教师专业成长指南	9787515367910	49.00
如何更快地变得更好:新教师90天培训计划	9787515365824	59.90
让每个孩子都发光:赋能学生成长、促进教师发展的KIPP学校教育模式	9787515366852	59.00
60秒教师专业发展指南:给教师的239个持续成长建议	9787515366739	59.90
通过积极的师生关系提升学生成绩:给教师的行动清单	9787515356877	49.00
卓越教师工具包:帮你顺利度过从教的前5年	9787515361345	49.00
可见的学习与深度学习:最大化学生的技能、意志力和兴奋感	9787515361116	45.00
学生教给我的17件重要的事:带给你爱、勇气、坚持与创意的人生课堂	9787515361208	39.80
教师如何持续学习与精进	9787515361109	39.80
从实习教师到优秀教师	9787515358673	39.90
像领袖一样教学:改变学生命运,使学生变得更好(中国教育新闻网2015年度"影响教师的100本书")	9787515355375	49.00

	书名	书号	定价
★	你的第一年：新教师如何生存和发展	9787515351599	33.80
	教师精力管理：让教师高效教学，学生自主学习	9787515349169	39.90
	如何使学生成为优秀的思考者和学习者：哈佛大学教育学院课堂思考解决方案	9787515348155	49.90
	反思性教学：一个已被证明能让教师做到更好的培训项目（30周年纪念版）	9787515347837	59.90
★	凭什么让学生服你：极具影响力的日常教育策略（中国教育新闻网2017年度"影响教师的100本书"）	9787515347554	39.90
	运用积极心理学提高学生成绩（中国教育新闻网2017年度"影响教师的100本书"）	9787515345680	59.90
	可见的学习与思维教学（教学资源版）：成长型思维教学的54个教学资源	9787515354743	36.00
★	可见的学习与思维教学：让教学对学生可见，让学习对教师可见（中国教育报2017年度"教师喜爱的100本书"）	9787515345000	39.90
	教学是一段旅程：成长为卓越教师你一定要知道的事	9787515344478	39.90
	安奈特·布鲁肖写给教师的101首诗	9787515340982	35.00
	万人迷老师养成宝典学习指南	9787515340784	28.00
	中小学教师职业道德培训手册：师德的定义、养成与评估	9787515340777	32.00
	成为顶尖教师的10项修炼（中国教育新闻网2015年度"影响教师的100本书"）	9787515334066	49.90
★	T.E.T.教师效能训练：一个已被证明能让所有年龄学生做到最好的培训项目（30周年纪念版）（中国教育新闻网2015年度"影响教师的100本书"）	9787515332284	49.00
	教学需要打破常规：全世界最受欢迎的创意教学法（中国教育新闻网2015年度"影响教师的100本书"）	9787515331591	45.00
	给幼儿教师的100个创意：幼儿园班级设计与管理	9787515330310	39.90
	给小学教师的100个创意：发展思维能力	9787515327402	29.00
	给中学教师的100个创意：如何激发学生的天赋和特长/杰出的教学/快速改善学生课堂表现	9787515330723等	87.90
	以学生为中心的翻转教学11法	9787515328386	29.00
	如何使教师保持职业激情	9787515305868	29.00
★	如何培训高效能教师：来自全美权威教师培训项目的建议	9787515324685	39.90
	良好教学效果的12试金石：每天都需要专注的事情清单	9787515326283	29.90
★	让每个学生主动参与学习的37个技巧	9787515320526	45.00
	给教师的40堂培训课：教师学习与发展的最佳实操手册	9787515352787	39.90
	提高学生学习效率的9种教学方法	9787515310954	27.80
★	优秀教师的课堂艺术：唤醒快乐积极的教学技能手册	9787515342719	26.00
★	万人迷老师养成宝典（第2版）（中国教育新闻网2010年度"影响教师的100本书"）	9787515342702	39.00
	课堂教学/课堂管理		
★	如何成为一名反思型教师	9787515372754	59.90
	设计有效的教学评价与评分系统	9787515372488	49.90
	卓有成效的课堂管理	9787515372464	49.90
	如何在课堂上使用反馈和评价	9787515371719	49.90
	跨学科阅读技能训练：让学生学会通过阅读而学习	9787515372105	49.90
★	老师怎么做，学生才会听：给教师的学生行为管理指南	9787515370811	59.90
	精通式学习法：基于提高学生能力的学习方法	9787515370606	49.90
	好的教学是设计出来的：一套详细、先进、实用的卓越课堂设计和实施方案	9787515370705	49.90
	翻转课堂与差异化教学：以学生为中心的课内翻转教学法	9787515370590	49.90
	精益备课法：在课堂上少做多得的实用方法	9787515370088	49.90
	记忆教学法：利用记忆在课堂上建立深入和持久的学习	9787515370095	49.90
	动机教学法：利用学习动机科学来提高课堂上的注意力和努力	9787515370101	49.90
	目标教学法	9787515372952	49.90
★	课堂上的提问逻辑：更深度、更系统地促进学生的学习与思考	9787515369983	49.90
	可见的教学影响力：系统地执行可见的学习5D深度教学	9787515369624	59.00
	极简课堂管理法：给教师的18个精ьс课堂管理的建议	9787515369600	49.00
★	像行为管理大师一样管理你的课堂：给教师的课堂行为管理解决方案	9787515368108	59.00
	差异化教学与个性化教学：未来多元课堂的智慧教学解决方案	9787515367095	49.90
	如何设计线上教学细节：快速提升线上课程在线率和课堂学习参与度	9787515365886	49.00
	设计型学习法：教学与学习的重新构想	9787515366982	59.00
	让学习真正在课堂上发生：基于学习状态、高度参与、课堂生态的深度教学	9787515366975	49.00

书名	书号	定价
让教师变得更好的75个方法：用更少的压力获得更快的成功	9787515365831	49.00
技术如何改变教学：使用课堂技术创造令人兴奋的学习体验，并让学生对学习记忆深刻	9787515366661	49.00
课堂上的问题形成技术：老师怎样做，学生才会提出好的问题	9787515366401	45.00
翻转课堂与项目式学习	9787515365817	45.00
优秀教师一定要知道的19件事：回答教师核心素养问题，解读为什么要向优秀者看齐	9787515366630	39.00
从作业设计开始的30个创意教学法：运用互动反馈循环实现深度学习	9787515366364	59.00
基于课堂中精准理解的教学设计	9787515365909	49.00
如何创建培养自主学习者的课堂管理系统	9787515365879	49.00
如何设计深度学习的课堂：引导学生学习的176个教学工具	9787515366715	49.90
如何提高课堂创意与参与度：每个教师都可以使用的178个教学工具	9787515365763	49.90
如何激活学生思维：激励学生学习与思考的187个教学工具	9787515365770	49.90
男孩不难教：男孩学业、态度、行为问题的新解决方案	9787515364827	49.00
高度参与的线上线下融合式教学设计：极具影响力的备课、上课、练习、评价项目教学法	9787515364438	49.00
跨学科项目式教学：通过"+1"教学法进行计划、管理和评估	9787515361086	49.00
课堂上最重要的56件事	9787515360775	35.00
全脑教学与游戏教学法	9787515360690	39.00
深度教学：运用苏格拉底式提问法有效开展备课设计和课堂教学	9787515360591	49.90
一看就会的课堂设计：三个步骤快速构建完整的课堂管理体系	9787515360584	39.90
如何有效激发学生学习兴趣	9787515360577	38.00
如何解决课堂上最关键的9个问题	9787515360195	49.00
多元智能教学法：挖掘每一个学生的最大潜能	9787515359885	39.90
探究式教学：让学生学会思考的四个步骤	9787515359496	39.00
课堂提问的技术与艺术	9787515358925	49.00
如何在课堂上实现卓越的教与学	9787515358321	49.00
基于学习风格的差异化教学	9787515358437	39.90
如何在课堂上提问：好问题胜过好答案	9787515358253	39.00
高度参与的课堂：提高学生专注力的沉浸式教学	9787515357522	39.90
让学习变得有趣	9787515357782	39.00
如何利用学校网络进行项目式学习和个性化学习	9787515357591	39.90
基于问题导向的互动式、启发式与探究式课堂教学法	9787515356792	49.00
如何在课堂中使用讨论：引导学生讨论式学习的60种课堂活动	9787515357027	38.00
如何在课堂中使用差异化教学	9787515357010	39.90
如何在课堂中培养成长型思维	9787515356754	39.90
每一位教师都是领导者：重新定义教学领导力	9787515356518	39.90
教室里的1-2-3魔法教学：美国广泛使用的从学前到八年级的有效课堂纪律管理	9787515355986	39.90
如何在课堂中使用布卢姆教育目标分类法	9787515355658	39.00
如何在课堂上使用学习评估	9787515355597	39.00
7天建立行之有效的课堂管理系统：以学生为中心的分层式正面管教	9787515355269	29.90
积极课堂：如何更好地解决课堂纪律与学生的冲突	9787515354590	38.00
设计智慧课堂：培养学生一生受用的学习习惯与思维方式	9787515352770	39.00
追求学习结果的88个经典教学设计：轻松打造学生积极参与的互动课堂	9787515353524	39.00
从备课开始的100个课堂活动设计：创造积极课堂环境和学习乐趣的教师工具包	9787515353432	33.80
老师怎么教，学生才能记得住	9787515353067	48.00
多维互动式课堂管理：50个行之有效的方法助你事半功倍	9787515353395	39.80
智能课堂设计清单：帮助教师建立一套规范程序和做事方法	9787515352985	49.90
提升学生小组合作学习的56个策略：让学生变得专注、自信、会学习	9787515352954	29.90
快速处理学生行为问题的52个方法：让学生变得自律、专注、爱学习	9787515352428	39.00
王牌教学法：罗恩·克拉克学校的创意课堂	9787515352145	39.80
让学生快速融入课堂的88个趣味游戏：让上课变得新颖、紧凑、有成效	9787515351889	39.00
如何调动与激励学生：唤醒每个内在学习者（李希贵校长推荐全校教师研读）	9787515350448	39.80
合作学习技能35课：培养学生的协作能力和未来竞争力	9787515340524	59.00
基于课程标准的STEM教学设计：有趣有料有效的STEM跨学科培养教学方案	9787515349879	68.00
如何设计教学细节：好课堂是设计出来的	9787515349152	39.00

	书名	书号	定价
	15秒课堂管理法：让上课变得有料、有趣、有秩序	9787515348490	49.00
	混合式教学：技术工具辅助教学实操手册	9787515347073	39.80
	从备课开始的50个创意教学法	9787515346618	39.00
	给小学教师的100个简单的科学实验创意	9787515342481	39.00
	老师如何提问，学生才会思考	9787515341217	49.00
	教师如何提高学生小组合作学习效率	9787515340340	39.00
	卓越教师的200条教学策略	9787515340401	49.90
	中小学生执行力训练手册：教出高效、专注、有自信的学生	9787515335384	49.90
	从课堂开始的创客教育：培养每一位学生的创造能力	9787515342047	33.00
	提高学生学习专注力的8个方法：打造深度学习课堂	9787515333557	35.00
	改善学生学习态度的58个建议	9787515324067	36.00
★	全脑教学（中国教育新闻网2015年度"影响教师的100本书"）	9787515323169	38.00
	全脑教学与成长型思维教学：提高学生学习力的92个课堂游戏	9787515349466	39.00
★	哈佛大学教育学院思维训练课：让学生学会思考的20个方法	9787515325101	59.90
	完美结束一堂课的35个好创意	9787515325163	28.00
	如何更好地教学：优秀教师一定要知道的事	9787515324609	49.90
	带着目的教与学	9787515323978	39.90
★	美国中小学生社会技能课程与活动（学前阶段/1~3年级/4~6年级/7~12年级）	9787515322537等	215.70
	彻底走出教学误区：开启轻松智能课堂管理的45个方法	9787515322285	28.00
	破解问题学生的行为密码：如何教好焦虑、逆反、孤僻、暴躁、早熟的学生	9787515322292	36.00
	13个教学难题解决手册	9787515320502	28.00
★	让学生爱上学习的165个课堂游戏	9787515319032	59.00
	美国学生游戏与素质训练手册：培养孩子合作、自尊、沟通、情商的103种教育游戏	9787515325156	49.00
	老师怎么说，学生才会听	9787515312057	39.00
	快乐教学：如何让学生积极与你互动（中国教育新闻网2010年度"影响教师的100本书"）	9787500696087	29.00
★	老师怎么教，学生才会提问	9787515317410	29.00
★	快速改善课堂纪律的75个方法	9787515313665	39.90
★	教学可以很简单：高效能教师轻松教学7法	9787515314457	39.00
★	好老师可以避免的20个课堂错误（中国教育新闻网2010年度"影响教师的100本书"）	9787500688785	39.90
★	好老师应对课堂挑战的25个方法（《给教师的101条建议》作者新书）	9787500699378	25.00
★	好老师激励后进生的21个课堂技巧	9787515311838	39.80
★	开始和结束一堂课的50个好创意	9787515312071	29.80
	好老师因材施教的12个方法（美国著名教师伊莉莎白"好老师"三部曲）	9787500694847	22.00
★	如何打造高效能课堂	9787500680666	29.00
	合理有据的教师评价：课堂评估衡量学生进步	9787515330815	29.00
班主任工作/德育			
	30年班主任，我没干够（《凭什么让学生服你》姊妹篇）	9787515370569	59.00
★	北京四中8班的教育奇迹	9787515321608	36.00
★	师德教育培训手册	9787515326627	29.80
★	好老师征服后进生的14堂课（美国著名教师伊莉莎白"好老师"三部曲）	9787500693819	39.90
	优秀班主任的50条建议：师德教育感动读本（《中国教育报》专题推荐）	9787515305752	23.00
学校管理/校长领导力			
	改造一所学校的设计新方案	9787515373737	69.90
★	哈佛大学教育学院学校创新管理课	9787515369389	59.90
	如何构建积极型学校	9787515368818	49.90
	卓越课堂的50个关键问题	9787515366678	39.00
	如何培育卓越教师：给学校管理者的行动清单	9787515357034	39.00
★	学校管理最重要的48件事	9787515361055	39.80
	重新设计学习和教学空间：设计利于活动、游戏、学习、创造的学习环境	9787515360447	49.90
	重新设计一所好学校：简单、合理、多样化地解构和重塑现有学习空间和学校环境	9787515356129	49.00
	学校管理者平衡时间和精力的21个方法	9787515349886	29.90
	校长引导中层及教师思考的50个问题	9787515349176	29.00
	如何定义、评估和改变学校文化	9787515340371	49.90

书名	书号	定价
优秀校长一定要做的18件事（中国教育新闻网2009年度"影响教师的100本书"）	9787515342733	39.90
学科教学/教科研		
精读三国演义20讲：读写与思辨能力提升之道	9787515369785	59.90
中学古文观止50讲：文言文阅读能力提升之道	9787515366555	59.90
完美英语备课法：用更短时间和更少材料让学生高度参与的100个课堂游戏	9787515366524	49.00
人大附中整本书阅读取胜之道：让阅读与作文双赢	9787515364636	59.90
北京四中语文课：千古文章	9787515360973	59.00
北京四中语文课：亲近经典	9787515360980	59.00
从备课开始的56个英语创意教学：快速从小白老师到名师高手	9787515359878	49.90
美国学生写作技能训练	9787515355979	39.90
《道德经》妙解、导读与分享（诵读版）	9787515351407	49.00
京沪穗江浙名校名师联手教你：如何写好中考作文	9787515356570	49.80
京沪穗江浙名校名师联手授课：如何写好高考作文	9787515356686	49.80
人大附中中考作文取胜之道	9787515345567	59.90
人大附中高考作文取胜之道	9787515320694	49.90
人大附中学生这样学语文：走近经典名著	9787515328959	49.90
四界语文（《中国教育报》2017年度"教师喜爱的100本书"）	9787515348483	49.00
让小学一年级孩子爱上阅读的40个方法	9787515307589	39.90
让学生爱上数学的48个游戏	9787515326207	26.00
轻松100课教会孩子阅读英文	9787515338781	88.00
情商教育/心理咨询		
如何防止校园霸凌：帮助孩子自信、有韧性和坚强成长的实用工具	9787515370156	59.90
连接课：与中小学学科课程并重的一门课	9787515370613	49.90
给大人的关于儿童青少年情绪与行为问题的应对指南	9787515366418	89.90
教师焦点解决方案：运用焦点解决方案管理学生情绪与行为	9787515369471	49.90
9节课，教你读懂孩子：妙解亲子教育、青春期教育、隔代教育难题	9787515351056	39.80
学生版盖洛普优势识别器（独一无二的优势测量工具）	9787515350387	169.00
与孩子好好说话（获"美国国家育儿出版物（NAPPA）金奖"）	9787515350370	39.80
中小学心理教师的10项修炼	9787515309347	36.00
别和青春期的孩子较劲（增订版）（中国教育新闻网2009年度"影响教师的100本书"）	9787515343075	39.90
100条让孩子胜出的社交规则	9787515327648	28.00
守护孩子安全一定要知道的17个方法	9787515326405	32.00
幼儿园/学前教育		
幼儿园室内区域活动书：107个有趣的学习游戏活动	9787515369778	59.90
幼儿园户外区域活动书：106个有趣的学习游戏活动	9787515369761	59.90
中挪学前教育合作式学习：经验·对话·反思	9787515364858	79.00
幼小衔接听读能力课	9787515364643	33.00
用蒙台梭利教育法开启0~6岁男孩潜能	9787515361222	45.00
德国幼儿的自我表达课：不是孩子爱闹情绪，是她/他想说却不会说！	9787515359458	59.00
德国幼儿教育成功的秘密：近距离体验德国学前教育理念与幼儿园日常活动安排	9787515359465	49.80
美国儿童自然拼读启蒙课：至关重要的早期阅读训练系统	9787515351933	49.80
幼儿园30个大主题活动精选：让工作更轻松的整合技巧	9787515339627	39.80
美国幼儿教育活动大百科：儿童学习与发展指南用书 科学/艺术/健康与语言/社会	9787515324265等	600.00
蒙台梭利儿童教育手册：3~6岁儿童学习与发展指南（实践版）	9787515307664	33.00
自由地学习：华德福的幼儿园教育	9787515328300	49.90
教育主张/教育视野		
为问题提出而教：支持学生从问题走向问题解决的学习模型	9787515372716	59.90
重新定义教育：为核心素养而教，为生存能力而学（中国教育新闻网2023年度"影响教师的100本书"）	9787515369945	59.90
重新定义学习：如何设计未来学校与引领未来学习	9787515367484	49.90
教育新思维：帮助孩子达成目标的实战教学法	9787515365848	49.00
用心学习：教育大师托尼·瓦格纳的学习之道（中国教育新闻网2023年度"影响教师的100本书"）	9787515366685	59.90

	书名	书号	定价
	为什么学生不喜欢上学？：认知心理学家解开大脑学习的运作结构，如何更有效地学习与思考（中国教育新闻网2023年度"影响教师的100本书"）	9787515367088	59.90
★	教学是如何发生的：关于教学与教师效能的开创性研究及其实践意义	9787515370323	59.90
★	学习是如何发生的：教育心理学中的开创性研究及其实践意义	9787515366531	59.90
	父母不应该错过的犹太人育儿法	9787515365688	59.00
	如何在线教学：教师在智能教育新形态下的生存与发展	9787515365855	49.00
	正向养育：黑幼龙的慢养哲学	9787515365671	39.90
	颠覆教育的人：蒙台梭利传	9787515365572	59.90
	如何科学地帮助孩子学习：每个父母都应知道的77项教育知识	9787515368092	59.00
	学习的科学：每位教师都应知道的99项教育研究成果（升级版）	9787515368078	59.00
	学习的科学：每位教师都应知道的77项教育研究成果	9787515364094	59.00
	真实性学习：如何设计体验式、情境式、主动式的学习课堂	9787515363769	49.00
	哈佛前1%的秘密（俞敏洪、成甲、姚梅林、张梅玲推荐）	9787515363349	59.90
	基于七个习惯的自我领导力教育设计：让学校育人更有道，让学生自育更有根	9787515362809	69.00
	终身学习：让学生在未来拥有不可替代的决胜力	9787515360560	49.90
	颠覆性思维：为什么我们的阅读方式很重要	9787515360393	39.90
	如何教学生阅读与思考：每位教师都需要的阅读训练手册	9787515359472	39.00
	成长型教师：如何持续提升教师成长力、影响力与教育力	9787515368689	48.00
	教出阅读力	9787515352800	39.90
	为学生赋能：当学生自己掌控学习时，会发生什么	9787515352848	33.00
★	如何用设计思维创意教学：风靡全球的创造力培养方法	9787515352367	39.80
	如何发现孩子：实践蒙台梭利解放天性的趣味游戏	9787515325750	32.00
	如何学习：用更短的时间达到更佳效果和更好成绩	9787515349084	49.00
	教师和家长共同培养卓越学生的10个策略	9787515331355	27.00
★	如何阅读：一个已被证实的低投入高回报的学习方法	9787515346847	39.00
★	芬兰教育全球第一的秘密（钻石版）（《中国教育报》等主流媒体专题推荐）	9787515359922	59.00
	培养终身学习能力和习惯的芬兰教育：成就每一个学生，拥有适应未来的核心素养和必备技能	9787515370415	59.00
★	杰出青少年的7个习惯（精英版）	9787515342672	39.00
★	杰出青少年的7个习惯（成长版）	9787515335155	29.00
	杰出青少年的6个决定（领袖版）（全国优秀出版物奖）	9787515342658	49.90
★	7个习惯教出优秀学生（第2版）（全球畅销书《高效能人士的七个习惯》教师版）	9787515342573	39.90
	学习的科学：如何学习得更好更快（中国教育新闻网2016年度"影响教师的100本书"）	9787515341767	39.80
	杰出青少年构建内心世界的5个坐标（中国青少年成长公开课）	9787515314952	59.00
★	跳出教育的盒子（第2版）（美国中小学教学经典畅销书）	9787515344676	35.00
	夏烈教授给高中生的19场讲座	9787515318813	29.90
	学习之道：美国公认经典学习书	9787515342641	39.00
★	翻转学习：如何更好地实践翻转课堂与慕课教学（中国教育新闻网2015年度"影响教师的100本书"）	9787515334837	32.00
	翻转课堂与慕课教学：一场正在到来的教育变革	9787515328232	26.00
	翻转课堂与混合式教学：互联网+时代，教育变革的最佳解决方案	9787515349022	29.80
	翻转课堂与深度学习：人工智能时代，以学生为中心的智慧教学	9787515351582	29.80
★	奇迹学校：震撼美国教育界的教学传奇（中国教育新闻网2015年度"影响教师的100本书"）	9787515327044	36.00
★	学校是一段旅程：华德福教师1~8年级教学手记	9787515327945	49.00
★	高效能人士的七个习惯（30周年纪念版）（全球畅销书）	9787515360430	79.00

您可以通过如下途径购买：
1. 书　　店：各地新华书店、教育书店。
2. 网上书店：当当网（www.dangdang.com）、天猫（zqwts.tmall.com）、京东网（www.jd.com）。
3. 团　　购：各地教育部门、学校、教师培训机构、图书馆团购，可享受特别优惠。
　　购书热线：010-65511272 / 65516873

如何成为高效能教师

作者：（美）黄绍裘　黄露丝玛丽
定价：89.00元

- 美国教师培训经典
- 一套完整的高效能教师培训系统和教师核心素养提升解决方案
- 全球销量超400万册
- 超值赠送60分钟美国专业、受欢迎的网络教学视频
- 200页网络版主题教学拓展资源

卓越课堂管理

作者：（美）黄绍裘　黄露丝玛丽
定价：88.00元

- 获中国教育新闻网2015年度"影响教师的100本书"奖
- 获2016年第25届上海市中小学、幼儿园"优秀图书"奖
- 一套高效管理课堂的完整体系，为广大教师提供50种有效的课堂管理方案
- 并示范高效能教师的6套开学管理计划，让学生通过严格执行50种教育程序获得成功。